러시아어 발음과 구조

러시아어 발음과 구조

강덕수 · 이성민

한국외국어대학교 출판부

이 책은 2008학년도 한국외국어대학교 교내학술연구비의 지원에 의하여 이루어진 것임

차 례

제1장 서론 / 9

제2장 음성과 음소 / 15

2.1 소리의 발생 ---------- 16
2.2 소리의 표기 ---------- 24
2.3 음소 ---------- 29

제3장 소리의 특성 / 33

3.1 자음의 조음과 특성 ---------- 36
3.1.1 자음의 특성 ---------- 36
3.1.2 자음의 조음 위치 ---------- 38
3.1.3 자음의 조음 방법 ---------- 39
3.2 모음의 조음과 특성 ---------- 41
3.2.1 모음의 특성 ---------- 41
3.2.2 러시아어 모음의 조음 방법 ---------- 43

제4장 러시아어 자음의 주요 특성 / 53

4.1 유성자음과 무성자음 ---------- 54
4.2 경자음과 연자음 ---------- 58

4.3 전이음의 발생 ———— 61

제5장 모음 발음 현상 / 65

5.1 모음 소리의 변화와 철자 ———— 68
5.2 모음의 약화 ———— 71
5.3 결합음과 모음약화 ———— 75
5.3.1 경자음 뒤에서의 모음약화 ———— 76
5.3.2 연자음 뒤에서의 모음약화 ———— 77
5.3.3 자음 ш /š/, ж /ž/, ц /c/ 뒤에서의 모음약화 ———— 80
5.4 모음의 탈락 ———— 84
5.5 유추에 의한 이음 ———— 85

제6장 자음 발음 현상 / 89

6.1 러시아어 자음과 동화 ———— 90
6.2 유-무성자음 동화 ———— 93
6.3 경-연자음 동화 ———— 100
6.3.1 전이음 [j] 앞에서의 연자음화 ———— 102
6.3.2 치음(잇소리) 무리에서의 연자음화 ———— 106
6.3.3 다른 연자음 앞에서의 치음 무리 ———— 108
6.3.4 설전음(떨음소리) [r] ———— 109
6.3.5 순음 ———— 110
6.3.6 연구개음(여린입천장 소리) [k], [g], [x] ———— 112
6.3.7 [š], [ž], [c]의 연자음화 ———— 112
6.3.8 경자음 동화 ———— 116
6.4 조음 방법과 장소의 동화 ———— 117
6.5 자음무리와 묵음 현상 ———— 119

6.5.1. 자음 세 개 중 가운데 자음이 폐쇄 치음인 경우 — 120
6.5.2. 순치음이 있는 경우: -вств- — 123
6.5.3. 콧소리 [n]이 가운데에 있는 경우 — 125
6.6 형태소 경계에서의 자음 무리 -дс-, -тс-, -тьс- — 126

제7장 러시아어 음소와 이음 / 129

7.1 러시아어 자음 음소와 이음 — 130
7.2 러시아어 모음 음소와 이음 — 136
7.2.1. 음소 /i/ — 136
7.2.2. 음소 /a/ — 138
7.2.3. 음소 /o/ — 140
7.2.4. 음소 /e/ — 140
7.2.5 음소 /u/ — 141
7.3 모음 심층형과 발음 — 142
7.3.1. 모음 /e/(철자 э, e)의 약화 — 142
7.3.2. 모음 /o/(철자 o, e)의 약화 — 143
7.3.3. 모음 /a/(철자 a 또는 я)의 약화 — 144

제8장 강세와 억양 / 149

8.1 러시아어 강세 — 150
8.1.1. 강세의 종류 — 150
8.1.2. 강세와 박자 — 151
8.1.3. 음소적 강세 — 153
8.2 러시아어 억양 — 153
8.2.1. 첫 번째 유형(ИК-1) — 157
8.2.2. 두 번째 유형(ИК-2) — 157

8.2.3. 세 번째 유형(ИК-3) — 159
8.2.4. 네 번째 유형(ИК-4) — 160
8.2.5. 다섯 번째 유형(ИК-5) — 161
8.2.6. 여섯 번째 유형(ИК-6) — 162
8.2.7. 일곱 번째 유형(ИК-7) — 163

제9장 차용어 현상 / 169

9.1. 외래어의 발음 — 170
9.2. 모음약화의 부재 — 171
9.3. 연자음화의 미적용 — 172

제10장 소리와 형태의 관계 / 177

10.1 출몰모음 — 178
10.2 발음 규칙의 제한 — 181
10.2.1. 명사 — 183
10.2.2. 형용사 — 186
10.2.3. 동사 — 190
10.3 파생 과정에서의 음운 변화 — 194
10.3.1. 지소어 파생 — 195
10.3.2. 동사 파생 — 196
10.3.3. 명사 어형변화에서의 음운 변화 — 197
10.3.4. 최상급 형태에서의 음운 변화 — 199

참고문헌 / 203
러시아어-한국어 문자 대응표 / 207
찾아보기 / 209

제1장

서 론

"언어란 무엇인가?"라는 질문을 받게 되면 다소 생뚱맞다는 느낌을 받을 수 있다. "삶이란 무엇인가?"라는 질문보다도 더 추상적일 수 있기 때문이다. 그만큼 언어는 일상 속에서 아무런 노력도 없이 주어진 당위적 실체로 받아들여져 왔다. 또한 언어에 대해 생각해 보기 이전에 이미 손에 쥐어져 있기 때문에 그것이 무엇인가를 고민할 필요도 느끼지 못하는 것이 보통이다. 또는 이런 질문 자체가 성립될 수 없는 소피스트적 질문이라고 치부해 버릴 수도 있다. 그래서 이런 질문을 받으면, "언어가 없었다면…?"이라는 질문으로 바꾸어 대답을 하려는 경향이 있다. 이것은 언어의 원천과 구조에 대한 질문을 기능적 효용성에 대한 대답으로 바꾸고자 하는 것이다.

"언어가 없었다면…?"이라는 질문은 언어의 중요성을 강조하고자 할 때 유효하다. 그리고 인간이 다른 동물에 대해 왜 우위를 점할 수밖에 없는지를 설명하고자 할 때 많이 사용하는 화두이기도 하다. 소피아 코폴라 감독의 "사랑도 통역이 되나요?"라는 영화도 언어의 소통적 중요성을 바탕에 깐 영화라 할 수 있다.

인간은 불을 발견하여 신석기 문명을 열었고, 컴퓨터의 발명으로 정보화 문명의 시대를 맞이하였다. 문명은 이처럼 새로운 것의 발견 또는 발명에서 비롯되는 것이다. 그러나 언어는 발견도 발명도 아니라는 점에서 새로운 문명을 여는 열쇠로 간주되지는 않는다. 그럼에도 불구하고 "언어가 없었다면, 문명이란 것이 가능했을까?(Is it possible to achieve the civilization without languages?)"라는 가정이 성립되는 것은 인류 문명에서 언어는 공리적(аксиоматический) 요소이기 때문일 것이다.

언어에 대해 생각할 때 "언어란 무엇인가?"라는 언어의 본질에 대한 질문에 이어 떠오르는 의문점 중 하나는 "인류는 왜 그렇게 다양하고 많은 언어를 사용하는가"이다. 인류의 언어가 하나였다면 문명의 발전 속도는 더욱 빨랐을 수도 있다. 아마 전쟁의 빈도도 훨씬 줄어들지 않았을까? 이러한 질문은 언어의 발생론과 관련된 문제이나. 그러나 이 문제는 이미 20세기 이전에 많은 학자들이 밝히려고 시도했다가 실패한 이후 묻지 않는 것이 정석이 되었다. 그 일례로 1950년대 스탈린 시대 구소련에서는 마르(Marr)라는 학자가 모든 언어는 중앙아시아의 카프카즈 지방에서 유래되었다는 야페트 이론(Яфетическая теория)을 내놓아 소련의 언어학계를 발칵 뒤집어 놓았다. 이 이론에 반대하는 학자나 교수들은 당시의 독재자 스탈린에 의해 숙청되거나 망명길에 올랐다. 스탈린 자신이 카프카즈의 그루지아 출신이라는 것이 이 이론과 어떤 관계에 있었는지 잘 밝혀지지는 않았지만, 마르주의(Марризм)가 러시아 언어학계에 치명적인 타격을 입힌 건 사실이었다. 그 이후로 언어의 발생에 관한 논쟁은 발견되지 않는다.

언어의 발생에 대해 그래도 궁금한 사람에게는 기독교의 성서를 펴라고 할 수밖에 없다. 거기에는 "한처음, 천지가 창조되기 전부터 말씀이 계셨다... 모든 것은 말씀을 통하여 생겨났고 이 말씀 없이 생겨난 것은 하나도 없다."라고 적혀 있다. 이것은 언어가 인간 탄생 이전의 문제라는 것에 대한 암시로 받아들여질 수 있다.

또한 성서에는 인간의 언어가 지금과 같이 다양해진 이유는 인간의 오만 때문이라는 설명도 있다. 성서의 바벨탑 이야기는 인간의 오만과

욕심을 꺾기 위해 사람들이 쓰는 말을 뒤섞어 놓아 서로 알아듣지 못하게 했다고 적고 있다.

이와 같이 인류 문명에서 언어는 없어서는 안 될 중요한 도구가 되었지만 어떻게 인간이 언어를 소유하게 되었는지에 대해서는 더 이상 묻지 않게 되었다. 대신 도구로서의 언어가 어떻게 만들어져 있는지에 대한 의문은 멈추어지지 않았다. 언어의 구조에 대한 질문은 19세기 말부터 본격적으로 연구되어 이제는 중요한 학문 분야 중 하나가 되었다.

언어는 보통 물질적 측면(energeia)과 정신적 속성(ergon)을 함께 가지고 있다고 간주된다. 이것은 동양철학의 논쟁 중 하나인 이기이원론(理氣二元論)과 동일한 맥락의 관점이라 할 수 있다.

- Essence of language = ergon(정신) + energeia(물질)

이것을 조금 더 구체적으로 살펴보면, 언어는 물리적 구조(физическая структура, physical structure)와 생리적 구조(физиологическая структура, physiological structure), 그리고 심리적 특성(психологический характер, psychological property)으로 구분된다. 우선 물리적 측면에서 언어는 공중에 떠다니는 공기가 움직여 만들어지는 파장(волна)으로 구성되어 있고 이 파장이 어떻게 형성되는가에 따라 언어의 소리가 구분된다. 따라서 이 파장의 구조에 대한 연구는 언어를 이해하는 데 중요한 단서를 제공해 준다. 최근 로봇에게 인간의 언어를 가르치는 것은 이러한 연구에서 이루어진 결과를 바탕으로 하고 있다. 두 번째로 언어는 인간의 신경구조와 밀접한 관련이 있다. 언어의 습득, 운용과 장애가 모두 신경 조직의 영향을 받는다. 따라서 언어 능력과 관련된 신경 조직의 발달이 늦어지면 언어 습득이 늦어질 수 있다. 또한 신경 조직에 손상을 입으면 언어 능력에 장애가 발생하여 말이 어눌해지거나 정확한 발음이 어려워질 수도 있다. 최근에는 언어 능력과 신경 조직의 관계를 생리적으로 설명한 연구를 바탕으로 한 언어치료라는 영역이 새로운 중요한 직업을 만들어내고 있는데, 이것은 언어학과 생리학이 함께 거둔 학제간 협동의 성공 사례라고 할 수 있다. 세 번째로 언어와 심리학의 관계는 최근 들어 왕성한 연구의 대상이 되고 있다. 인간의 심리적 변화는 언어의 음성적 구조, 통사적 구조, 의미적 구조 모두에 직접 영향을 미치는 것으로 간주되고, 이러한 관계를 바탕으로 하여 심리언어학, 의미론, 화용론 같은 분야가 발전하고 있다.

본서는 언어 구조 연구의 출발점으로서 음성적 구조에 초점을 맞추고 있다. 모든 언어는 문자를 가지고 있다. 그리고 문자를 만드는 시점에서 발음과 문자는 일치되지만, 시간이 흐름에 따라 이 둘 사이에는 격차가 생기게 된다. 예를 들어, 영어의 경우 문자와 발음의 차이는 예측 불가능하다. 그래서 모든 어휘에 발음 기호를 붙여 주어야 한다. 그러나 러시아어는 예측 가능하다. 예측 가능하다는 것은 문자와 발음 사이의 간격을 체계적으로 설명할 수 있다는 뜻이다.

9세기 말 키릴과 메포디 형제가 불가리아 지방의 현지어 발음을 바탕으로 그리스어 자모를 응용하여 새로운 문자를 만들었다. 이것이 키릴 문자이다. 오늘날에는 서 슬라브 지역을 제외한 대부분의 슬라브 국가가 이 문자를 기본 문자로 사용하고 있다. 러시아에서는 표트르 대제 시기(1708년)와 혁명 직후(1918년) 두 차례에 걸쳐 문자 개혁이 있었다. 이 개혁은 발음의 변화를 따라가지 못한 문자 몇 개를 문자 체계에서 제거한 소극적인 것이었다.

러시아어 정음 체계는 발음과 문자가 일정한 간격을 유지하도록 짜여져 있다. 이 간격을 연결시키는 고리는 발음 규칙이다. 발음 규칙은 러시아어의 문자 체계를 이해하는 첫 번째 길목이다. 본서는 발음 규칙을 이해하는 전 단계로서 음성 구조에 대한 분석을 시도한다. 그리고 음성 구조를 이해한 후 문자와 발음을 이어주는 연결 고리로서 발음 규칙을 제시한다. 또한 이러한 발음 규칙이 적용되지 않는 예외적 현상과 차용어에 관해서도 일정 부분을 할애한다.

러시아어는 본래 음운 체계 중심의 언어였다. 그러나 지난 천 년 동안 러시아어는 음운 체계를 내재화하면서 형태 체계 중심으로 언어의 특성이 변화하였다. 따라서 형태적 구조 안에서 음운 체계나 발음 구조가 어떻게 바뀌는지 이해하는 것이 매우 중요하다. 이런 이유로 본서는 음성 구조의 분석에서 출발하지만 음운 체계의 운용과 형태 체계와의 관계를 포괄하고 있다.

본서는 "러시아어 음성학"(강덕수 저, 1993)을 더욱 발전시켜 새로운 각도에서 집필하고자 하였다. 지난 10여 년 넘게 러시아어 음성학과 음운론, 그리고 형태론을 강의하고 연구하면서 통합적 관점의 교재의 필요성을 느꼈다. 이성민 박사와 공동 집필을 하게 된 동기이다. 더욱이 최근 컴퓨터의 발전으로 실험 음성학의 연구 방법 또한 발전하고 있다. 본서는 이런 측면을 보완하여 러시아어의 음성학적 연구를 좀 더 활성화하는 데 기여하고자 하였다. 본서에 사용된 스펙트로그램 등 음성학 자료는 변군혁 박사의 도움을 많이 받았다.

본서의 출판이 러시아어 음성, 음운, 형태 연구에 도움이 될 수 있기를 바란다. 스펙트로그램 등 많은 자료를 제공해 준 변군혁 박사에게 감사한다. 그리고 본서를 출판해 준 한국외국어대학교 출판부에 감사드린다.

2009. 6. 30

대표 저자 강 덕 수

제 2 장

소리의 발생과 음소

주요개념

- 소리(звук)와 형태소(морфема)
- 조음자(артикулятор)와 조음점(пункт артикуляции)
- 조음음성학(артикуляционная фонетика), 음향음성학(акустическая фонетика), 청각음성학(перцептивная фонетика)
- 음색(тембр)과 복합파(комплексные волны)
- 음파(звуковые волны)와 자질(признак)
- 발성기관(произносительныи аппарат)
- 음소(фонема)와 이음(аллофона)

2.1 소리의 발생

소리는 그 자체로서 한 덩어리가 아니라 작은 단위들로 이루어진 연속적 흐름이다. 이 흐름을 이루고 있는 소리 단위들은 서로 대립되는 분별적(раздельный, discrete)인 특성을 지니고 있다. 그리고 이 분별적 단위들은 물질적 측면과 의미적 측면을 함께 가지고 있다. 이 중에서 의미적 측면은 형태론(морфология), 통사론(синтаксис), 어휘론(лексикология)에서 연구되고, 하나의 물질적 실체로 파악되는 소리(звук)는 주로 음성학의 기본 대상으로 연구된다.

물질적 측면에서 볼 때 소리는 공기 속의 파장을 통해 전달되는 물리적 현상이다. 이 파장은 성대, 혀, 입술, 코 등 발성기관(произносительный аппарат)의 활동에 의해 만들어진다. 발성기관들이 활동을 하면 힘(сила)이 발생하고 이 힘이 공중에 퍼져 있는 공기입자를 통해 상대방의 귓속에 있는 고막에 전달된다. 그리고 다시 이 힘은 고막을 통해 귓속 액체에 동일한 파장을 만들고, 이것이 청각신경을 통해 뇌로 전달되는 것이다.

힘 (сила) ⇨ 공기입자 (воздушная частица) ⇨ 고막 (базилярная мембрана) ⇨

귓속 액체 (ушная жидкость) ⇨ 청각신경 (слуховой нерв) ⇨ 뇌 (мозг)

흐름은 파도와 같은 파장에 의해 이어진다. 하나의 파장은 특정 발성기관이 활동한 결과로 만들어진 것이다. 그러나 파장의 시작과 종료가 해당 발성기관이 조음활동을 시작하는 시점과 종점에 일치하지는 않는다. 발성기관이 하나의 소리에 해당하는 파장을 만들기 위해서는 앞서 발생한 소리의 파장이 끝나기 전에 미리 활동을 시작할 준비를 해 두어야 하기 때문이다. 따라서 소리가 만들어지는 과정에서 앞뒤의 이웃하는 소리들은 서로 영향을 주고 받는다. 이러한 상호 영향은 조음적으로 신체 조직의 특성과 관련이 있고, 이것은 언어마다 다르게 나타난다. 이러한 점이 개별 언어들의 음성적 특성이 되며 동시에 개별 언어를 운용하는 음성 규칙의 핵심이 된다.

음성학은 연구의 중심을 어디에 두는가에 따라 조음음성학(артикуляционная фонетика), 음향음성학(акустическая фонетика), 청각음성학(перцептивная фонетика)으로 구분된다.

1. 입술(губы)
2. 이(зубы)
3. 잇몸(альвеолы)
4. 센입천장(твёрное небо)
5. 여린입천장(연구개)(мягкое нёбо)
6. 목젖(увула)
7. 혀끝(кончик языка)
8. 혀 앞부분(передняя часть спинки языка)
9. 혀 뒷부분(задняя часть спинки языка)
10. 혀 뿌리(корень языка)
11. 후두개(надгортанник)
12. 인두부(полость глотки)
13. 후두부(гортань)
14. 식도(пищевод)
15. 성대(голосовые связки)

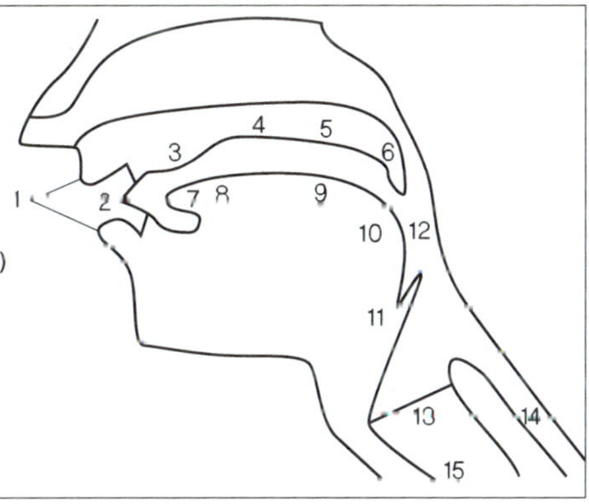

〈그림 1〉 발성기관

조음적 관점에서 소리를 만드는 발성기관은 크게 구강(ротовая полость)과 비강(носовая полость)으로 구분되며 소리를 만드는 능동적 조음자(артикулятор)로는 혀와 입술을 들 수 있다. 그리고 혀는 조음에 관여하는 부분에 따라 다시 혓끝(설단, конец языка, tongue tip), 혓등(спинка языка, middle of the tongue), 혀뿌리(설근, корень языка, tongue root)로 나뉜다. 그리고 입술은 모양에 따라 원순(округленные губы, rounded lips)과 평순(неокругленные губы, unrounded lips)으로 구분된다. 구강에서 비능동적이지만 조음점(пункт артикуляции)을 제공함으로써 소리를 구별하는 데 결정적인 역할을 하는 발성기관에는 입천장(нёбо, palate)이 있고, 이것은 센입천장(твёрдое нёбо, hard palate)과 여린입천장(мягкое нёбо, soft palate, velum)으로 이루어져 있다. 그리고 역시 비능동적 발성기관이지만 소리를 내는 데 결정적인 기관 중 하나가 성대(голосовые связки, vocal cords)이다. 성대는 〈그림 2〉에서 보이는 것처럼 둥근 모양의 근육덩어리이다. 근육의 수축에 의해 발생되는 공기의 흐름이 구강에서 조음자와 조음점에 의해 조절됨으로써 여러 가지 다른 소리들이 발생되는 것이다.

조음음성학에서는 소리가 어떻게 만들어지는가가 소리를 구분하는 중요한 기준이 된다. 소리를 만드는 데 능동적인 조음자가 단독으로 발생하는

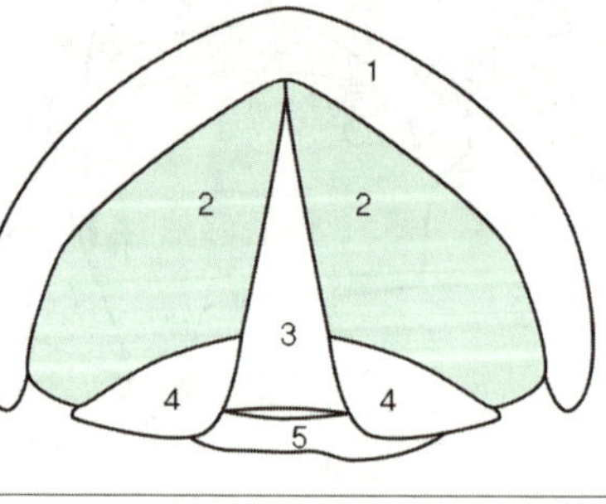

1. 갑상 연골(щитовидный хрящ)
2. 성대(голосовые связки)
3. 성문(голосовая щель)
4. 피열 연골(черпаловидный хрящ)
5. 환상 연골(перстневидный хрящ)

〈그림 2〉 성대의 모양

소리는 모음(гласные, vowels)이라고 한다. 이 소리를 낼 때에는 공기가 자유롭게 흘러 나간다. 반면 조음자가 조음점의 협력을 얻어 발생되는 소리는 자음(согласные, consonants)이라고 부르며, 이 경우 조음자와 조음점이 함께 공기의 흐름을 조절하기 때문에 공기가 자유롭게 흘러 나갈 수 없다. 이때의 상태는 폐쇄(смычка, closure), 파열(взрыв, explosion), 마찰(трение, фрикация, friction)로 구분되며, 이러한 방법으로 발생된 소리는 폐쇄음(смычные, stops), 파열음(взрывные, plosives), 마찰음(фрикативные, щелевые, спиранты, fricatives), 파찰음(аффрикаты, affricates)으로 구분된다.

음향음성학에서 소리는 조음자와 조음점이 서로 조응하여 조절되는 공기의 흐름에 의해 발생되는 파장이다.

공기가 흘러나오는 출발점은 성대이며 성대의 근육이 움직여 공기의 흐름을 조절한다. 이 공기의 흐름은 구강과 비강에서 조음자와 조음점의 협력으로 여러 가지 모양의 파장(волны, waves)을 형성하고 이 파장이

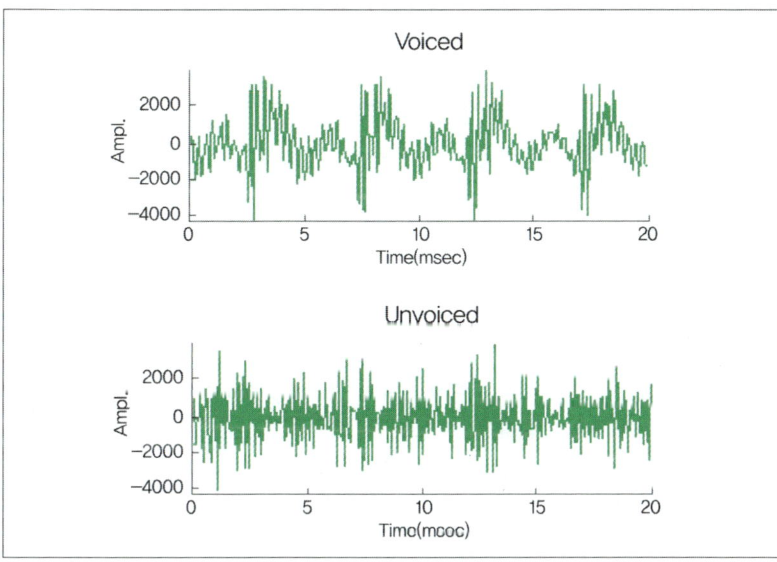

〈그림 3〉 유성음과 무성음의 파장

상대방의 청각기관에 접수되고 인지되면서 의사소통이 가능해진다.

소리는 일반적으로 높이(подъём, height), 세기(интенсивность, intensity), 길이(долгота, length)의 세 가지 특성을 갖는 것으로 간주된다.

소리의 높이는 1초 동안에 일어나는 성대의 진동수에 따라 결정되며 진동수가 적을수록 낮은 소리(низкий тон, low tone)가 되고, 진동수가 많을수록 높은 소리(высокий тон, high tone)가 된다.

소리의 높낮이를 나타내는 1초 당 진동수를 주파수(частота, frequency)라 하는데 그 단위는 헤르츠(Герц, Herz)이다. 인간이 귀로 감지할 수 있는 가청주파수는 16-20,000 헤르츠이다. 보통 남자의 목소리와 여자의 목소리가 각각 저음과 고음으로 구별되는 것은 바로 주파수의 차이 때문이다.

소리의 세기는 진동의 진폭에 따라 달라진다. 진폭이 크면 소리의 강도가 높은 강한 소리(сильный звук)를 나타내고, 진폭이 작으면 강도가 낮은 약한 소리(слабый звук)를 나타낸다. 언어 소통에서 세기(강도)는 중요한 요소로 센 소리일수록 발화의 전달이 정확하고 분명하다.

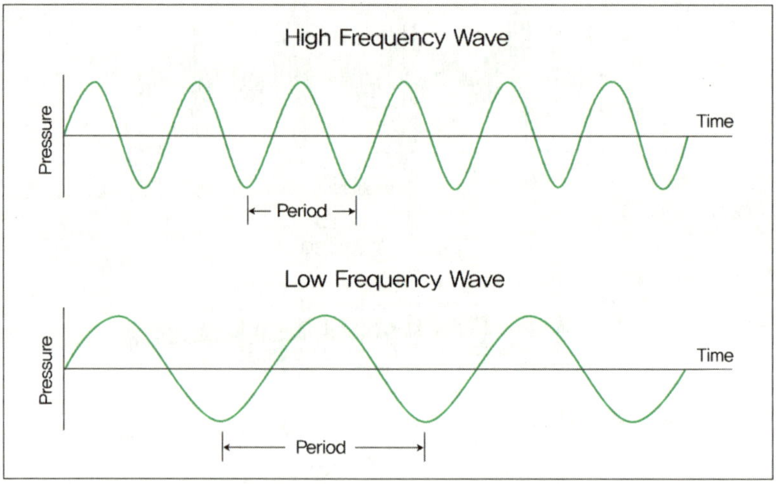

〈그림 4〉 높은 소리와 낮은 소리의 파장

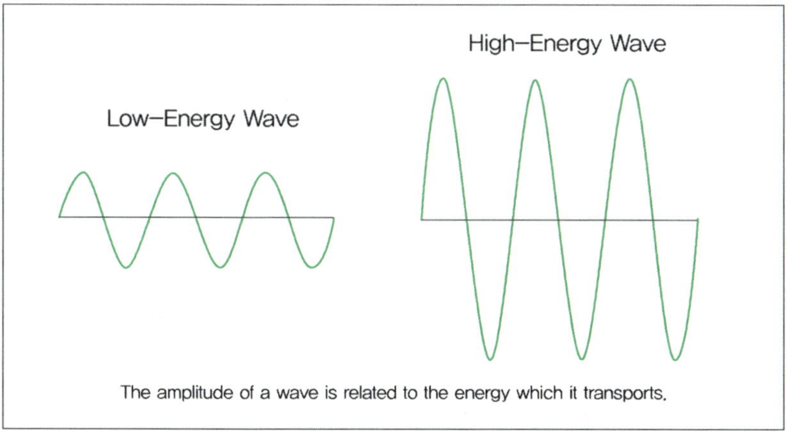

〈그림 5〉 약한 소리와 강한 소리의 파장

소리의 길이는 소리가 일정 시간 동안 지속되는 것을 말한다. 길이에서 소리의 변별성을 갖는 언어는 장음(долгий звук, long sound)과 단음(короткий звук, short sound)을 뚜렷이 구분한다. 특히 장단의 구분은 모음에서 많이 나타난다. 영어와 프랑스어 같은 언어에서 모음의 장단은 어휘의 의미를 구별하는 중요한 단서가 된다. 예를 들어, 영어의 'beat' /bit/와 'bit' /bɪt/에서 모음 /i/와 /ɪ/는 장모음과 단모음으로 구별되며, 그 의미도 달라진다. 반면에 러시아어에서는 소리의 길이가 강세에 의존하고 있다. 즉, 강세가 있는 모음은 길게 발음되고, 강세가 없는 모음은 짧게 발음된다. 따라서 러시아어에서 소리의 길이는 영어나 프랑스어에서와 달리 그 자체만으로는 음성적으로 중요한 변수가 되지 않는다.

이 외에 소리를 특징짓는 요소로 음색(тембр, timber)이 있다. 음색은 소리가 가진 색깔(звуковая окраска)을 의미하는 것으로, 개별적인 사람의 목소리나 악기의 소리들이 구분되는 것은 바로 이 특징 때문이다.

인간이 귀로 들을 수 있는 소리에는 조음(調音, музыкальные тоны)과 소음(騷音, шум)이 있다. 이것은 진동의 규칙성과 관련이 있다. 소리의

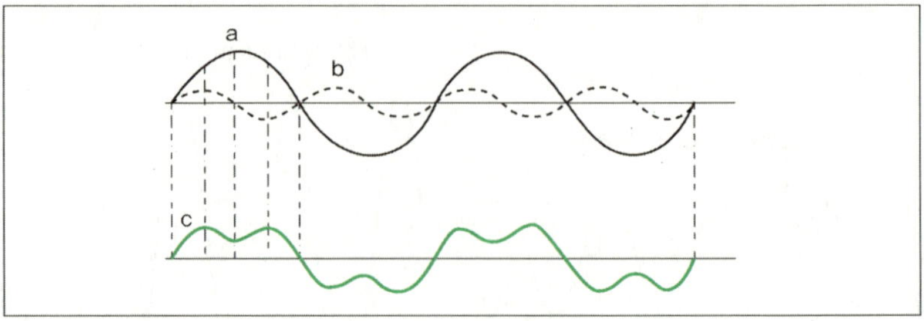

〈그림 6〉 복합파

진동이 규칙적이면 조음이 되고, 진동이 불규칙적이면 소음으로 들린다. 따라서 진동이 규칙적인 모음과 공명음은 기본적으로 조음에 해당되고, 자음 중 폐쇄음과 마찰음은 소음으로 분류된다.

〈그림 6〉에서 a와 b는 각각 음악적인 조음과 상음을 나타낸다. 조음이란 진동이 규칙적인 소리이고 상음(обертон, overtone)이란 기본음을 제외한 성분음으로서 각각의 소리들이 보완적으로 갖는 소리이다. 소리의 음색은 이러한 상음의 세기에 따라 결정된다.

〈그림 6〉에서 나타나는 파장 c는 기본 조음과 상음이 결합된 것이다. 이것은 인간의 귀에 인지되는 소리의 파장이다. 예를 들어, 현악기에서 현 한 줄을 튕긴다는 것은 현의 끝에서 끝까지 튕기는 것을 말한다. 거문고의 현 한 줄을 튕길 때에는 튕겨진 한 줄과 함께 현의 나누어진 부분들도 제각기 떨고 있다. 이때 현 전체가 떨면서 소리내는 파장을 기본 조음(основательная тона, fundamental tone)이라 하고, 각 부분들에서 나오는 보완적인 파장을 상음이라 한다.

조음음성학과 음향음성학은 소리가 어떤 발성기관에 의해 어떻게 발생하는가, 그리고 조음 과정에서 발성기관들이 어떻게 서로 상호 작용하는가, 그 소리들이 어떤 파장을 이루며 어떻게 전달되는가를 연구한다. 이러한 연구가 중요한 것은 소리 단위와 그 단위들의 결합이 가장 기본적인 것이기 때문이다. 형태소, 단어, 어구, 문장 등 언어를 구성하는 모든 단위는 소리 단위로부터 비롯된다. 그리고 문장의 다양한 의사 전달 형태는 억양과 강세를 포함한 여러 가지 음향적 수단에 의해 형성된다. 따라서 조음적 관점과 음향적 관점에서 언어를 이해하는 것은 문법적 구조와 어휘적 구성에 이르는 길목이 된다고 할 수 있다.

이외에도 음향적 특성을 바탕으로 음성에 내재된 개개인의 고유한 성문(聲紋, отпечаток голоса, voiceprint)을 분석하여 범죄학에 이용할 수 있다. 또한 21세기에 크게 발전될 것으로 기대되는 로봇 공학에 필요한 인공언어(искусственный язык, artificial language) 개발에 필수적인 음성 합성(синтез языка, sound synthesis) 기술은 음향음성학을 기초로 하고 있다.

또한 음성학 중에는 언어학보다 신경학이나 의학 분야에서 치료를 목적으로 응용될 수 있는 분야가 있다. 이것은 화자보다 청자 중심으로 소리를 파악하고 분석하는 청각음성학이다.

발성기관의 조음적 작용에 의해 만들어진 소리는 음파가 되어 상대방의 귀에 도달한다. 이 음파가 상대방의 귀에 포착되어 인지되는 과정은 4단계로 나누어볼 수 있다. 첫 번째 단계는 신호화된 음파를 수용하는 것이고, 두 번째 단계에서는 1차로 청각 기관에서 음파를 분석하는 과정이 진행된다. 세 번째는 소리에서 자질(признак, feature)을 분리해 내는 것이다. 마지막으로 네 번째 단계에서는 분리된 자질을 가지고 언어학적 해석을 가하게 된다. 청각음성학은 위 4 단계 중 세 번째와 네 번째 단계에 해당된다.

2.2 소리의 표기

말(речь)은 지속적으로 흐르는 소리의 연속이다. 연속적 흐름을 하나의 단위로 끊어낸다는 것은 쉬운 일이 아니다. 앞뒤로 연결된 소리들이 서로 영향을 미치면서 발성 과정이 서로 겹쳐지기 때문이다. 따라서 소리의 흐름을 나누는 것, 즉 분절(сегментация)은 소리 연구의 첫 번째 과제가 된다.

〈그림 7〉은 소리의 파장을 스펙트로그램으로 나타낸 것이다. 파장의 변화는 각각의 다른 소리 단위를 보여준다. 분자들의 구성을 원소로 표기하듯이 말(речь)도 소리 단위로 표기되어야 한다.

소리를 표기하는 방법에는 두 가지가 있다. 하나는 소리를 가급적 실제 소리에 가깝게 화자의 관점에서 표기하는 것이다. 다른 하나는 들리는 대로 청자의 관점에서 표기하는 것이다.

실제의 소리에 가깝게 표기하기 위해서는 세밀한 표기가 필요하다. 예를 들어, 러시아어에서는 약화모음과 같은 이음(異音, аллофона,

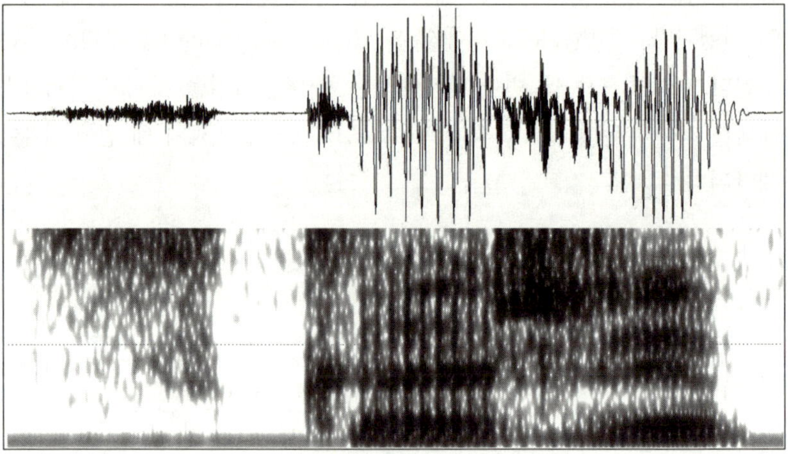

〈그림 7〉 스펙트로그램의 예(Скажи)

allophone), 장모음과 단모음의 차이, 유성자음과 무성자음의 동화, 경자음과 연자음의 동화 등 모든 음성적 현상이 표시되어져야 한다. 이것은 기호 [ ]로 나타내어지며 이러한 방법을 정밀표기(узкая транскрипция)라고 한다.

(1) Всё злей метель и с каждою минутой
Сердито рвёт последние листы.
И за сердце хватает холод лютый
Они стоят, молчат ; молчи и ты!
(А. А. Фет(1820-1892), "Учусь у них - у дуба, у берёзы"의 일부)

[fs’·o z’l’˙é·j m’ĭt’·é·l’ ĭ s káždə·j·ŭ m’ĭnútə·j
s’ĭrd’ítə rv’·ót pă·s’l’·édn’ĭj l’ístў
ĭ ză s’·ércə xvătá·jĭt xólət l’·útə·j
ă·n’í stă·j·át, mălč·át mălčí ĭ tý!]

러시아어의 발음 표기에서 주의할 것은 연자음에 대한 표기이다. 러시아어에서 연자음은 개별 철자로 표시되지는 않지만 구개음성(палатальность) 또는 연자음성(мягкость)이라는 독립된 자질을 갖는 음소적 지위를 확보하고 있다. 연자음성을 표시하기 위해서는 어퍼스트로피(’)를 이용한다. 따라서 /s/와 /z/가 경자음을 나타내는 데 반해 /s’/와 /z’/는 대응되는 연자음을 나타낸다. 그러나 자음 /č/는 항상 연자음이고 대응되는 경자음이 없으므로 어퍼스트로피를 붙이지 않는다. 또한 러시아어의 기본 음소는 아니지만 자음 /č/가 다른 유성자음 앞에 올 때 그 영향을 받아 나타나는 조건적인 소리인 [ǯ] 역시 항상 연자음이므로 어퍼스트로피를 붙이지 않는다.

소리가 연속적으로 흐를 때 소리들이 각각 독립적으로 고립되어 발음되는 것은 아니다. 발성기관은 하나의 소리를 내면서 동시에 다음 소리를 낼 준비를 시작한다. 따라서 앞에 연자음이 있다면 뒤따라 오는 모음은 앞의 자음이 가진 연자음성의 영향을 받게 된다. 연자음의 주요 특성 중 하나는 혀가 입천장 부위 쪽으로 상승하는 것이다. 그러므로 뒤따라 오는 모음은 동일한 모음보다 더 높은 지점에서 발음을 시작하게 된다. 즉,

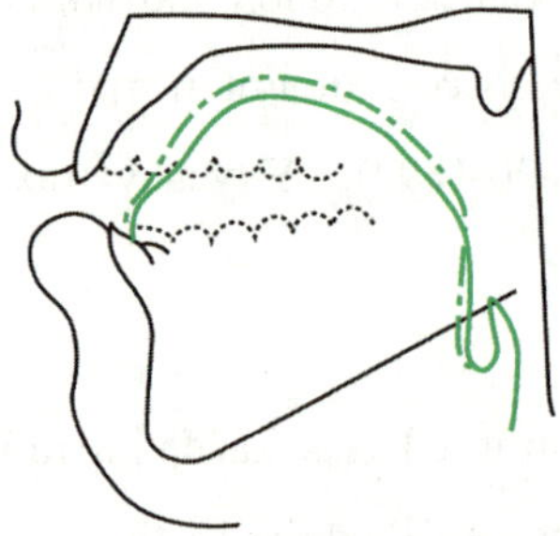

〈그림 8〉 모음 [e] 발음시 혀의 모양

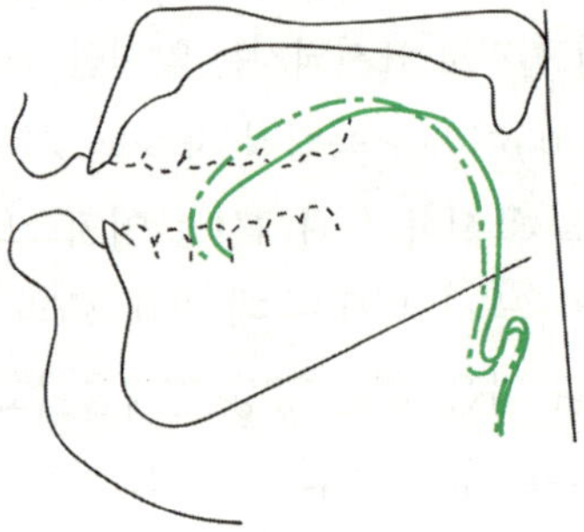

〈그림 9〉 모음 [o] 발음시 혀의 모양

/m'a/의 [a]는 /ma/의 [a]보다 더 높은 지점에서 발음된다. 이것은 환경적 요인으로서 정밀표기 방식에서는 이러한 차이를 표시해 주어야 한다. /m'a/를 정밀표기로 나타내면 [m'·a]이다. 모음 [a] 앞 위쪽에 찍힌 어깨점 [·]은 모음 /a/가 다소 높은 지점에서 시작된다는 것을 보여준다.

반면에 /moj/의 정밀표기는 [mo·j]이다. 모음 [o] 뒤 위쪽에 찍힌 어깨점 [·]은 모음 /o/의 발음이 끝날 때 다른 [o]에 비해 혀가 다소 높은 위치에 있음을 보여준다.

이 외에 주의해야 할 기호는 schwa라 불리우는 모음 기호 [ə]이다. 이것은 강세 없는 모음 /a/나 /o/가 매우 약화되어 나는 소리이다. 또한 발음기호 [e]를 모음 철사 e와 혼동해서는 안 된다. 기호 [e]는 전설모음으로 단일모음이다. 그러나 모음 철자 e는 자음 [j]와 모음 [e]가 합쳐진 이중모음을 나타낸다.

〈표 1〉 모음 철자와 부호

철자	IPA 표기	러시아식 표기
а	a	а
я	ja('a)	йа
о	o	о
ё	jo('o)	йо
ы	y	ы
и	i	йи
э	e	э
е	je('e)	йе
у	u	у
ю	ju('u)	йу
ъ		ъ
ь	j(')	ь

〈표 2〉 자음 철자

철자	IPA 표기		러시아식 표기	
	경자음	연자음	경자음	연자음
б	b	b’	б	б’
в	v	v’	в	в’
г	g	g’	г	г’
д	d	d’	д	д’
ж	ž	ž’	ж	ж’
з	z	z’	з	з’
й		j		й
к	k	k’	к	к’
л	l	l’	л	л’
м	m	m’	м	м’
н	n	n’	н	н’
п	p	p’	п	п’
р	r	r’	р	р’
с	s	s’	с	с’
т	t	t’	т	т’
ф	f	f’	ф	ф’
х	x	x’	х	х’
ц	c		ц	
ч		č		ч
ш	š	š’	ш	ш’
щ		š’š’		ш’:

(이 표에서 빈 칸은 각각 연자음과 경자음 대응쌍이 없음을 나타낸다)

이 책에서는 소리의 표기를 국제음성협회(IPA; International Phonetics Association)의 표기 규약을 원용하여 따르고 있다. 그러나 러시아에서는 키릴 알파벳을 발음기호로 변용시켜 사용하고 있으므로 러시아에서 발간되는 음성학 교재들을 읽기 위해서는 키릴 알파벳을 응용한 발음기호도 알아두어야 할 것이다. 〈표 1〉, 〈표 2〉는 국제음성협회의 표기법(IPA)과 러시아식 표기법에 대한 비교표이다.

2.3 음소

음성학은 언어 활동에서 일어나는 실제 소리들을 연구하여 그것들을 음성적으로 기술(記述)하고자 한다. 그리고 음성적 기술은 그 자체로서보다는 소리 단위의 기능적 특성을 보여주기 위한 과정으로서 중요하다. 따라서 소리에 대한 연구의 궁극적인 목적은 언어에서 이들 소리들이 수행하는 기능(функция, function)이 무엇인가를 분석하고 행위와 구조들을 연구하여 언어의 음운 체계를 확립하는 것이다. 이것이 바로 음운론의 과제이다. 음운론의 한 분야로서의 음소론(фонемика)은 대립 관계에 있는 소리들인 음소들을 체계적으로 분류하는 작업을 한다. 이러한 분류를 통해서 한 언어의 음소 목록이 작성되고 음소 체계가 확립될 수 있는 것이다.

음소(фонема, phoneme)란 음성적으로 비슷한 소리들을 포괄적으로 나타내는 대표음이다. 따라서 음소는 실제 소리가 아니라 비슷한 소리들을 나타내는 추상적인 음운 단위(абстрактная фонологическая единица, abstract phonological unit)이다. 음소에 대하여 처음으로 정의를 내린 보두엥 드 쿠르트네(Baudouin de Courtenay)는 음소를 심리적인 소리로 파악하여, 머리 속에 존재하는 최소의 소리 단위로 보았다. 즉 한국인이 [r]과 [l]을 구분하지 못하는 것은 한국인의 머리 속에 한 소리만 존재하기 때문이다. 따라서 한국인은 [r]을 듣던 [l]을 듣던 듣는 것과 상관없이 머리 속에 있는 하나의 음소 /l/로만 인지하게 되는 것이다.

블룸필드(Bloomfield) 이후 언어학자들은 음소를 그 음소가 가지고 있는 내재적인 음성적 자질로 구분하기 시작하였다. 내재적 음성자질이란 변별적 자질(разбирательные признаки, distinctive features)을 말하는데, 블룸필드에 의하면 이것은 두 개의 대립적 성질 사이의 선택(the choice between the two opposites)이다. 즉, вол /vol/과 вёл /v'ol/을 서로 구분시켜주는 자질은 연자음성(мягкость, softness, palatality)이다. 바로 이 연자음성이 /v/와 /v'/를 구분시켜 주는 변별적 자질이 되는 것이다. 이런 의미에서 음소는 변별적 음성 자질을 가진 최소 단위(a minimum unit of distinctive sound features)인 것이다.

음소가 추상적인 음운 단위인데 비하여, 음소의 실제 소리는 이음이라고 한다. 아래 단어들의 발음에서 볼 수 있는 것처럼 러시아어에서 음소 /a/는 주위 환경에 따라 [á], [ă], [ə], [ĭ] 등의 이음을 갖는다.

(2) зáмок [zámək] 성
 замóк [zămók] 자물쇠
 барабáн [bərăbán] 북
 часы́ [čĭsý] 시계

음소들은 똑같은 환경에 놓일 때 단어의 의미를 서로 다르게 만든다. 이런 음소들을 서로 대립(контраст)의 관계에 있다고 한다. 즉, /vol/과 /v'ol/은 서로 의미가 다른데, 그것은 음소 /v/와 /v'/의 대립 때문이다. 이와 같이 음소는 의미를 바꾸어주는 역할을 하므로 기능적 소리(функциональный звук, functional sound)라고도 한다.

이음들은 주위 환경에 따라 다르게 나는 실제 소리이므로 똑같은 환경에서는 다른 이음들이 발생할 수 없다. 즉 [stal]과 [sta·l']에서 모음 소리

[a]와 [a·]는 서로 다른 이음이다. 음소적으로 보면 이 두 단어는 각각 /stal/과 /stal'/이지만, [a]는 경자음 앞에서 발생하는 이음이고, [a·]는 연자음 앞에서 나는 이음인 것이다. 음운론에서는 이처럼 동일한 환경에서 나타나지 않는 이음들의 관계를 상보적 분포(дополнительная дистрибуция, complementary distribution) 관계라고 한다.

어떤 소리가 음소이고 어떤 소리가 이음인가를 찾기 위해서는 단어의 최소대립쌍(минимальные пары, minimal pairs)을 만들어 보아야 한다. 최소대립쌍의 구성조건은 1) 똑같은 수의 분절음(сегмент)을 가져야 하고, 2) 의미가 달라야 하며, 3) 그 의미를 다르게 해주는 음성적 차이가 단 하나의 분절음에 의해 만들어져야 한다는 것이다.

(3) дам /dam/ : там /tam/
мат /mat/ : мать /mat'/
стал /stal/ : сталь /stal'/

(3)에서 дам '(나는) 줄 것이다'과 там '저기에'은 3개의 동일한 수의 분절음을 가지고 있지만 그 의미가 각각 다르다. 그리고 그 차이는 단 하나의 분절음 д와 т에 의해서 이루어진다. 따라서 러시아어에서 자음 д와 т는 각각 독립적인 음소이다. /stal/과 /stal'/ 역시 서로 최소대립쌍을 이루고 있는 단어들이며, 전자는 동사 стать의 남성 과거형이고 후자는 명사이다. 이러한 차이는 경자음 /l/과 연자음 /l'/의 대립에 의해 나타난다. 따라서 이 두 소리는 서로 독립적인 음소가 되는 것이다. 이와 같이 음소는 그 자체로서는 아무런 의미를 갖지 않지만, 한 단어의 의미를 바꿀 수 있는 최소의 단위로서 기능을 한다.

그런데 의미 변화 없이 한 음소가 다르게 발음되는 경우도 있다. 예를 들어 с юга는 [s-j·úgə]라고 발음할 수도 있고 [s'j·úgə]라고도 발음할 수 있다. 첫 자음이 경자음 [s]로 또는 연자음 [s']로 발음되는 것은 개인적인 차이에 의한 임의적 현상이다. 이 두 발음형에서는 똑같은 환경에서 경자음 [s]와 연자음 [s']가 대립되지 않으므로 단어의 의미도 바뀌지 않는다. 이러한 것을 임의 변이(свободная вариантность, свободное варьирование, free variation)라고 한다. 이러한 임의 변이는 러시아어에서 전치사와 명사가 결합할 때 만나는 부분에서 자주 발생한다. 또 다른 예로서 братьев의 발음은 [brá·t'j·əf]가 표준 발음이지만 [brá·t'jĭf]로 발음되는 경우도 있다. 이것도 임의 변이의 하나이다. 임의 변이를 상보적 분포나 대립과 구분하기 위해 비 기능적 변이(nonfunctional variation)라고도 한다.

과제

1. 발성기관(vocal organs)을 그려 보시오.

2. 높이와 세기에 관한 주파수 그림을 그려 보시오.

3. 아래 주어진 어형들을 선별하여 읽고 밑줄 친 부분의 소리를 비교하여 그 차이를 설명해 보시오.

   1) cat, scat

   2) five, feeling; food, foot; house, fought

   3) жена, пена, метель; окно, окна; бог, бога; город, города

   4) 종로, 세종로; 동강, 낙동강; 잠자리(dragonfly), 잠자리(bed)

4. 다음의 정의에 해당되는 용어를 아래 보기에서 고르시오.

상보적 분포, 이음, 최소대립쌍, 대립

1) Взаимное отношение двух или более вариантов одной и той же единицы языка, каждый из которых воспроизводится в такой совокупности контекстов, в которой не воспроизводится ни один из остальных её вариантов.

2) Два слова или две морфемы, различающиеся только одной фонемой в той же позиции, причем это различие может сводиться к несовпадению лишь одного дифференциального признака.

3) Кратчайшая(минимальная) единица системы выражения звукового языка, представляющая собой определённую совокупность одновременно реализующихся дифференциальных признаков и способная различать звуковые оболочки(звуковую сторону, звучание) разных слов и морфем.

4) Степень использования данного фонологического противопоставления для дифференциации слов и морфем.

제 3 장

소리의 특성

주요개념

- 마찰음(фрикативные), 파찰음(аффрикаты), 폐쇄음(смычные)
- 장애음(шумные), 공명음(сонорные)
- 치음(зубные), 치경음(альбеольные), 경구개음(палатальные), 연구개음(заднеязычные)
- 유음(плавные), 비음(носовые), 전이음(глайд)
- 전설모음(гласные переднего ряда)
- 후설모음(гласные заднего ряда)
- 고모음(гласные высокого подъёма)
- 중모음(гласные среднего подъёма)
- 저모음(гласные низкого подъёма)
- 원순모음(круглые гласные)
- 비원순모음(некруглые гласные)

3.1 자음의 조음과 특성

3.1.1 자음의 특성

자음은 능동적 발성기관인 조음자(артикулятор)와 수동적 발성기관인 조음점(пункт артикуляции)이 협력하여 내는 소리이다. 조음자인 혀는 능동적으로 움직여 조음점을 선택하고 선택된 조음점에 조음자가 다가가 공기의 흐름을 가로막는다. 이때 조음자와 조음점의 협력 정도에 따라 공기의 흐름이 달라진다. 즉 공기의 흐름이 완전히 막히거나 마찰이 일어나는 것이다. 이 경우 공기의 흐름에 장애가 발생하고 혀의 근육이 긴장하게 된다. 그러나 이 긴장은 혀 전체에 퍼져 일어나는 것이 아니라 소리의 발생과 직접적으로 관계가 있는 특정 부위에서만 일어난다.

자음은 공기의 흐름이 막히는 정도와 방법에 따라 폐쇄음(смычные, stops), 마찰음(фрикативные, fricatives), 파찰음(аффрикаты, affricates)으로 분류된다. 그리고 혀가 닿아 소리를 만들어내는 조음점에 따라 순음(입술소리, губные, labials), 치음(잇소리, зубные, dentals), 치경음(잇몸

소리, альвеольные, alveolars), 경구개음(센입천장 소리, палатальные, palatals), 연구개음(여린입천장 소리, заднеязычные, postpalatals) 등으로 나뉜다.

또한 자음은 구강(ротовая полость)뿐만 아니라 비강(носовая полость)에서도 만들어진다. 이때는 구강으로 흐르는 공기의 흐름이 차단되어 비강으로 유도된다. 이 소리들을 비음(носовые, nasals)이라고 한다. 공기의 흐름이 입술에 의해 차단되면 순음(입술소리)이 되고, 치아(이)나 치경(잇몸) 부위에서 막히면 치음(잇소리)이나 치경음(잇몸소리)이 된다. 그리고 연구개(목젖)가 아래로 내려와 목구멍을 가로막아 공기의 흐름이 원천적으로 입안으로 들어오지 못하면 연구개음(여린입천장 소리)이 된다.

자음에서 고려해야 할 또 다른 중요한 자질은 자음이 발음될 때 어조가 고르게 진행되는가 아니면 불규칙하게 진행되는가이다.

〈그림 10〉이 보여주듯 자음 /t/는 파장의 분포가 불규칙한 반면 자음

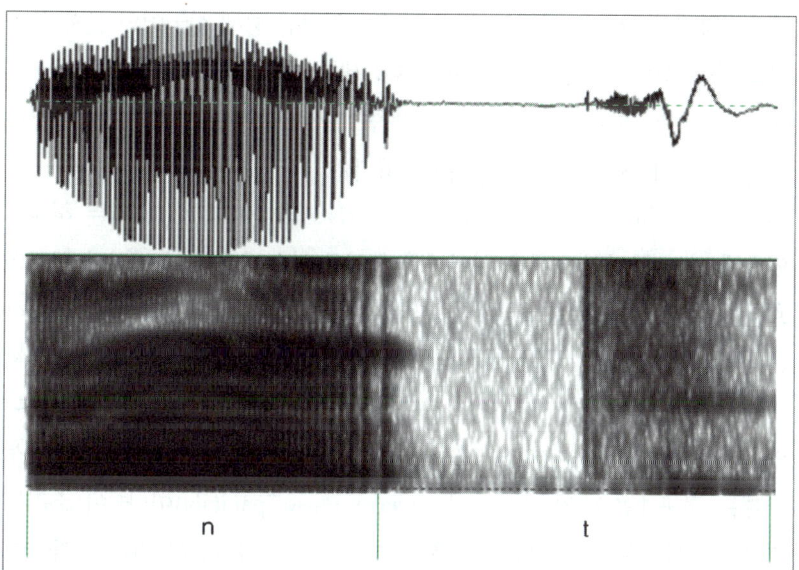

〈그림 10〉 자음 n과 t의 비교

/n/은 규칙적으로 나타난다. 파장이 불규칙하게 나타는 것은 공기의 흐름이 고르지 못한 소리, 즉 장애음(막힘소리)이다. 반면에 파장이 규칙적인 것은 공기가 고르게 흘러 나가는 소리, 즉 공명음으로 분류된다.

자음은 조음 위치, 조음 방법, 그리고 음조에 따라 분류할 수 있다.

3.1.2 자음의 조음 위치

자음은 조음 위치에 따라 보통 여섯 가지 유형으로 분류된다. 첫 번째 유형은 두 입술로 공기의 흐름을 막아 내는 소리들이다. 양순음(두입술소리, губно-губные, bilabials)이라 불리는 이 소리에는 [p], [b], [m]이 있다. 두 번째 유형은 윗니로 아래입술을 깨물듯 살짝 갖다 대면서 내는 순치음(이-입술소리, губно-зубные, labiodentals)이다. 이 소리는 인도유럽어에 속하는 언어에는 모두 있는 소리로, 러시아어에서는 [f]와 [v]가 이 조음 위치에 속한다. 한국어의 경우 현대 한국어에는 존재하지 않지만, 세종대왕께서 한글을 창제하실 때 있다가 없어진 중세 한국어의 문자 ㅸ가 바로 순치음에 해당된다고 할 수 있다. 세 번째는 치음(잇소리, зубные, dentals)이다. 이것은 혀끝을 윗니 안쪽이나 바로 밑에 갖다 대면서 내는 소리이다. 러시아어에서는 [t], [d], [s], [z], [n], [l]이 여기에 속한다. 네 번째는 치경음(잇몸소리, альбеольные, alveolars)이다. 이 소리는 혀끝이 잇몸에 닿아 공기의 흐름을 차단하거나 잇몸 부위에 가까이 다가가 공기의 흐름을 협착하여 내는 소리이다. 한국어에서는 러시아어에서 치음에 속하는 ㅌ[t], ㄷ[d], ㅅ[s], ㄴ[n], ㄹ[l]이 모두 여기에 속한다. 러시아어에서 이 범주에는 [c], [ʒ], [r], [š], [ž]가 있다. 이 중에서 [š], [ž]는 조음점이 잇몸과 센입천장 사이에 있으므로 치경구개음이라 불리기도 한다. 다섯 번째는 경구개음(센입천장 소리, палатальные, palatals)이다. 이 소리는 혓몸 가운데 부분, 즉 혓등을 입천장 쪽으로 상승시키면서 내는 소리이다. 인도유럽어들은 경구개음 [č], [ǯ]와 전이음 [j]를 가지고 있다. 여섯 번째는 연구개음(여린입천장 소리, заднеязычные, postpalatals)이다. 연구개음은 혀의 뒷부분, 즉 혀뿌리를 여린입천장 쪽으로 밀어 올리고 목젖으로는 공기의 흐름을 차단하고 내는 자음들이며 여기에는 [g], [k], [ɣ], [x]가 있다.

3.1.3 자음의 조음 방법

조음 방법에 의한 자음 분류는 허파에서 흘러 나오는 공기의 흐름이 얼마나, 어떻게 차단되느냐 하는 것을 기준으로 삼는다. 공기의 흐름을 막는 방법은 폐쇄(смычка), 마찰(щель), 진동(вибрация, дрожание)의 세 가지가 있다.

이 분류에 의한 첫 번째 범주는 폐쇄음(막힘소리)이다. 이 소리는 구강을 완전히 막아 공기의 압력을 높였다가 순간적으로 구강을 열어 압축된 공기를 분출시켜 폭발적인 힘으로 내는 소리이다. 러시아어에서 이 범주에 속하는 자음으로는 [p], [b], [t], [d], [k], [g]가 있다. 이 소리는 자음의 조음 과정에서 파열하는 뒷부분을 기준으로 하여 파열음(터짐소리)이라고도 한다.

두 번째 범주는 마찰음(갈이소리)이다. 이 소리를 발음할 때에는 발성기관의 조음자와 조음점이 서로 가까이 접근하여 좁은 간격을 만들며 이 간격 사이로 공기가 마찰을 일으키며 소리가 발생한다. 이 부류에 속하는 소리로는 [f], [v], [s], [z], [x], [š], [ž], [j]가 있다.

세 번째 범주는 파열음과 마찰음의 특성을 결합한 소리이다. 이 소리를 만드는 과정에서는 공기의 흐름을 막았다가 터뜨릴 때 공기를 한꺼번에 분출시키지 않고 마찰을 일으킨다. 따라서 파열과 마찰의 특성을 둘 다 가지고 있다 하여 파찰음(붙갈이소리)이라고 한다. 러시아어의 파찰음에는 [c], [ʒ], [č], [ǯ]가 있으며, 한국어에서는 [ʒ](ㅈ), [ʒ'](ㅉ), [č](ㅊ)가 이 부류에 해당한다.

네 번째 범주는 비음(콧소리)이다. 이 소리는 목젖이 내려와 구강으로 통하는 길을 막는 대신 비강(콧속)으로 통하는 길을 열어 공기가 비강으로 통과하여 만들어진다. 러시아어에서는 [m], [n] 소리가 비음이며, 한국어에는 이 두 자음 외에 [ŋ](ㅇ)이 더 있다.

다섯 번째 범주는 모음을 발음할 때처럼 공기의 흐름이 비교적 자유롭게 흘러 나가면서 나는 소리이다. [l]과 [r]을 포함하는 이 범주는 유음(흐름소리, плавные, liquids)이라고 한다. 유음 중 자음 [l]은 설측음(혀옆소리, боковые, laterals)이라 하고, [r]은 설전음(떨음소리, дрожащие, trills)이라고 한다. 자음 [l]은 혀끝이나 혀 앞부분을 윗니에 갖다 대고 혓몸을 오므리면 공기가 혀의 양 옆으로 지나가면서 소리가 난다. 반면에 자음 [r]은 혀끝을 잇몸 쪽으로 말아 올린 다음 혀끝을 두세 번 떨면 방출되는 공기에 의해 진동이 일어나면서 나는 소리이다.

〈표 3〉 한국어 자음 음소 체계

<table>
<tr><th colspan="3">조음 위치
조음 방법</th><th>양순음</th><th>치경음</th><th>구개치경음</th><th>경구개음</th><th>연구개음</th><th>성문음</th></tr>
<tr><td rowspan="9">장애음</td><td rowspan="3">파열음</td><td>평음</td><td>p(ㅂ)</td><td>t(ㄷ)</td><td></td><td></td><td>k(ㄱ)</td><td></td></tr>
<tr><td>경음</td><td>p'(ㅃ)</td><td>t'(ㄸ)</td><td></td><td></td><td>k'(ㄲ)</td><td></td></tr>
<tr><td>격음</td><td>P^h(ㅍ)</td><td>t^h(ㅌ)</td><td></td><td></td><td>k^h(ㅋ)</td><td></td></tr>
<tr><td rowspan="3">마찰음</td><td>평음</td><td></td><td>s(ㅅ)</td><td></td><td></td><td></td><td></td></tr>
<tr><td>경음</td><td></td><td>s'(ㅆ)</td><td></td><td></td><td></td><td></td></tr>
<tr><td>격음</td><td></td><td></td><td></td><td></td><td></td><td>h(ㅎ)</td></tr>
<tr><td rowspan="3">파찰음</td><td>평음</td><td></td><td></td><td>č(ㅈ)</td><td></td><td></td><td></td></tr>
<tr><td>경음</td><td></td><td></td><td>č'(ㅉ)</td><td></td><td></td><td></td></tr>
<tr><td>격음</td><td></td><td></td><td>$č^h$(ㅊ)</td><td></td><td></td><td></td></tr>
<tr><td rowspan="3">공명음</td><td colspan="2">비 음</td><td>m(ㅁ)</td><td>n(ㄴ)</td><td></td><td></td><td>ŋ(ㅇ)</td><td></td></tr>
<tr><td colspan="2">유 음</td><td></td><td>l(ㄹ)</td><td></td><td></td><td></td><td></td></tr>
<tr><td colspan="2">반모음</td><td></td><td></td><td></td><td>y=j</td><td>w,ɰ</td><td></td></tr>
</table>

(강옥미 2003:116)

여섯 번째 범주는 전이음(глайд, glide)이다. 이 소리를 발음할 때에는 센입천장 쪽으로 혀 가운데 부분을 치켜 올리면 작은 공간이 만들어져 공기가 겨우 지나게 된다. 전이음은 이때 나는 소리로 앞이나 뒤에 반드시 모음이 있어야 하며 모음과 모음이 오게 되는 경우 모음 충돌을 피하기 위해 이 자음을 끼워 넣기도 한다. 그래서 이 자음을 과도음 또는 반모음이라고도 한다. 보통 [j]와 [w]를 전이음으로 분류하는데, 러시아어에는 [j]만 있고, 한국어에는 [j]와 [w]가 모두 존재한다.

3.2 모음의 조음과 특성

3.2.1 모음의 특성

공기의 흐름을 조정하는 중요한 역할은 능동적 조음자인 혀가 맡는다. 따라서 혀의 위치에 따라 모음의 소리가 달라지게 된다. 그리고 역시 조음자인 입술도 모음의 발생에 영향을 미친다. 그러므로 입술의 모양에 따라서도 모음의 소리가 달라지게 된다. 모음이 발생할 때 공기의 흐름을 방해하는 장애는 없다. 그런 만큼 공기의 압력은 약하다. 소리를 만들 때 발성기관에 미치는 긴장도도 특정 부위에 집중되지 않고 골고루 퍼지게 된다. 모음을 소리낼 때 공기는 구강을 비교적 자유롭게 흘러나가기 때문이다. 모음은 이러한 발성 과정을 고려하여 분류된다.

모음을 분류하는 첫 번째 기준은 구강 안에서 소리가 조음되는 앞뒤의 위치이다. 잇몸 부위를 기준으로 소리가 형성되는 정점이 그 앞쪽에 위치하면 전설모음(гласные переднего ряда, front vowels), 그 뒤쪽에 위치하면 후설모음(гласные заднего ряда, back vowels)으로 분류된다. 전설모음의 경우 조음자인 혀가 수평방향으로 움직이면서 혀끝을 앞으로 이동시켜 치아 바로 뒷부분이나 잇몸 근처에서 소리를 만들어 낸다. 후설모음은 혀를 뒤로 끌어당겨 구강 중간 부분이나 뒷부분에서 소리가 형성된다.

한국어에서는 '이, 에, 애, 위, 외'가 전설모음으로, '으, 어, 아, 우, 오'가 후설모음으로 분류된다. 반면 러시아어는 모음 체계가 비교적 단순하여 전설모음은 [i], [e] 2개이고, 후설모음은 [y], [u], [o], [a] 4개이다. 한국어에서 모음 '아'와 '어', 그리고 '으', 러시아어에서 [a]와 [y]는 중설모음으로 분류되기도 하지만, 대체로 후설모음에 포함시킨다.

두 번째 기준은 혀의 수직 방향으로 조음시 혀의 위치가 구강의 윗부분에 있는지 아랫부분에 있는지에 따라 모음을 분류하는 것이다. 혀가 입천장 가까이까지 올라가서 모음이 조음되면 고모음(гласные высокого подъёма, high vowels)이라 하고, 혀가 낮게 내려올 때 모음이 발생하면 저모음(гласные низкого подъёма, low vowels)이라 한다. 혀가 구강의 중간 정도의 위치에 자리할 때 소리가 형성되면 중모음(гласные среднего подъёма, middle vowels)이라고 부른다.

한국어에서는 '이, 위, 으, 우'가 고모음이고, '애, 아'가 저모음이다. 그리고 나머지 '에, 외, 어, 오'를 중모음이라 한다. 반면에 러시아어에서는 [i], [y], [u]가 고모음, [e]와 [o]가 중모음, [a]가 저모음이다.

세 번째 기준은 소극적으로 참여하는 조음자인 입술의 모양과 관계가 있다. 즉, 모음의 조음시 입술이 옆으로 팽팽하게 잡아 당겨지는가(вытягивание) 또는 둥글게 되는가(округление)를 기준으로 모음을 분류한다. 모음을 발음할 때 입술이 둥그렇게 되면 원순모음(круглые гласные, rounded vowels)이라 하고, 그렇지 않으면 비 원순모음(некруглые гласные, unrounded vowels)이라고 한다. 한국어의 원순모음에는 전설모음 '위, 외'와 후설모음 '우, 오'가 있다. 러시아어에서는 후설모음 [o]와 [u] 2개가 원순모음이다.

한국어와 러시아어의 모음 체계를 그림으로 나타내면 다음과 같다.

〈표 4〉 한국어의 10모음 체계

혀의 위치 / 입술 모양 / 혀의 높이	전 설		중 설	후 설
	평 순	원 순	평 순	원 순
고모음	i(ㅣ)	ü(=y, ㅟ)	i(ㅡ)	u(ㅜ)
중모음	e(ㅔ)	ö(=∅, ㅚ)	ə(ㅓ)	o(ㅗ)
저모음	ε(ㅐ)		a(ㅏ)	

(강옥미, 2003: 117)

〈표 5〉 러시아어의 모음 삼각도(Треугольник гласных)

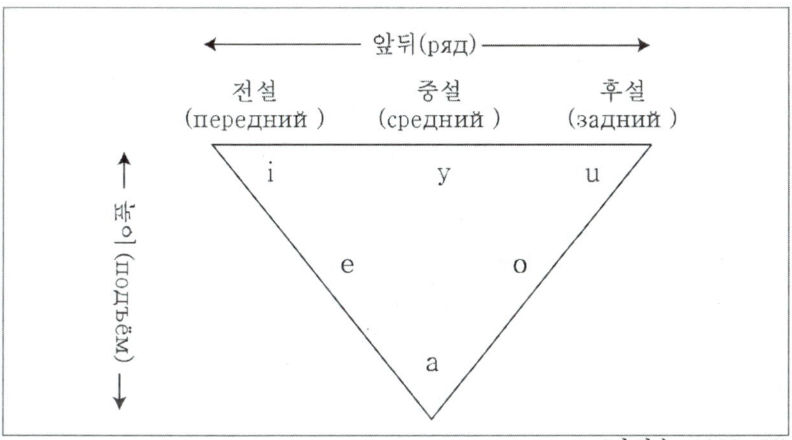

(강덕수, 1990: 50)

3.2.2 러시아어 모음의 소음 방법

다음 〈그림 11〉, 〈그림 12〉은 러시아어의 모음 조음시 발성기관의 모양을 단면도로 나타낸 것이다.

모음 [i]

특성: 전설모음(гласные переднего ряда)
고모음(гласные высокого подъёма)
비 원순모음(некруглые гласные)

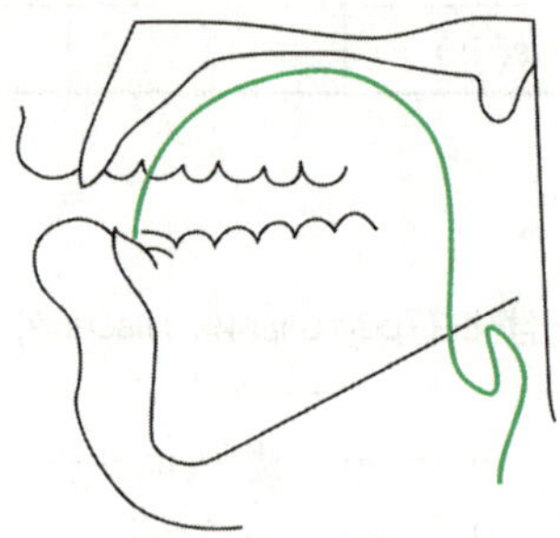

〈그림 11〉 [i] 조음 시 혀의 위치

러시아어의 모음 [i]와 한국어의 ‘이’는 둘 다 전설모음이다. 그러나 러시아어의 [i]는 입술이 더 긴장되고 팽팽하게 옆으로 잡아당겨져야 한다. 따라서 러시아어의 [i]는 한국어의 모음 ‘이’보다 더 앞에서 그리고 혀가 더 위로 올려진 상태에서 발음된다는 점에 유의해야 한다. 이 때문에 러시아어의 모음 [i] 앞에서 자음들은 자동적으로 구개음화되어 연자음으로 발음된다.

(1) писатель [p’ĭsá·t’ĭl’] 작가　Петров [p’ĭtróf] 페트로프 (성)
рис [r’ís] 쌀　лиса [l’ĭsá] 여우
тихий [t’íx’ĭj] 조용한　яйцо [jĭjcó] 계란

모음 [y]

특성: 후설모음(гласные заднего ряда)

고모음(гласные высокого подъёма)

비 원순모음(некруглые гласные)

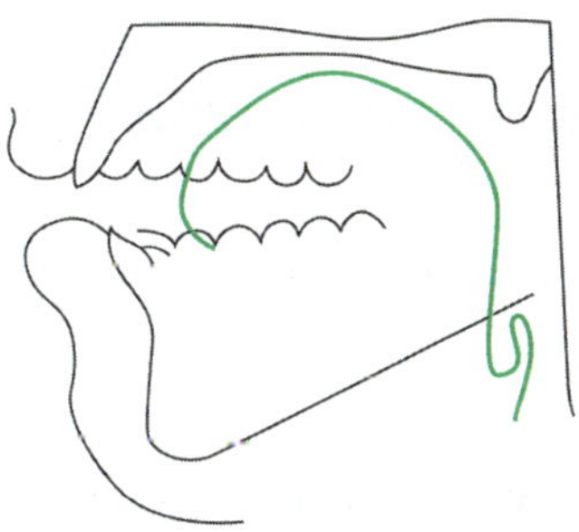

〈그림 12〉 모음 [y] 조음 시 혀의 위치

러시아어의 모음 [y]와 한국어의 모음 '의'는 단일모음과 이중모음으로 확연히 구분된다. 러시아어의 모음 [y]는 조음자인 혀가 한 번에 내는 소리이지만, 한국어의 '의'는 조음자인 혀가 두 번의 동작으로 만들어내는 소리로 '으'와 '이'가 합쳐진 이중모음(дифтонг)이다. 한편 러시아어에서 모음 [y]는 모음 [i]와 짝을 이루어 고모음, 비 원순모음이라는 점에서는 동일하지만, 전설과 후설이라는 점에서 서로 대립되는 소리들이다. 따라서 모음 [i] 앞에서 자음들은 연자음이 되어 입천장 부근에서 조음되지만, 모음 [y] 앞에서는 자음들이 경자음이 되어 상대적으로 낮은 위치에서 발음된다. 〈그림 13〉은 모음 [i]와 [y]를 비교한 것이다.

(2) язык [jĭzýk] 언어　　　цена [cy̆ná] 가격

бить [b'it'] 때리다　　　риск [r'isk] 위험

быть [byt'] …이다　　　рыск [rysk] 뛰어 다니는 것

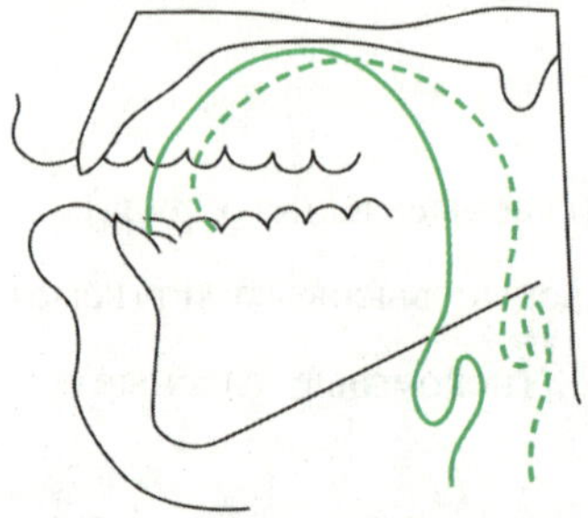

〈그림 13〉 모음 [i](—)와 [y](---)의 비교

모음 [u]

특성: 후설모음(гласные заднего ряда)
고모음(гласные высокого подъёма)
원순모음(круглые гласные)

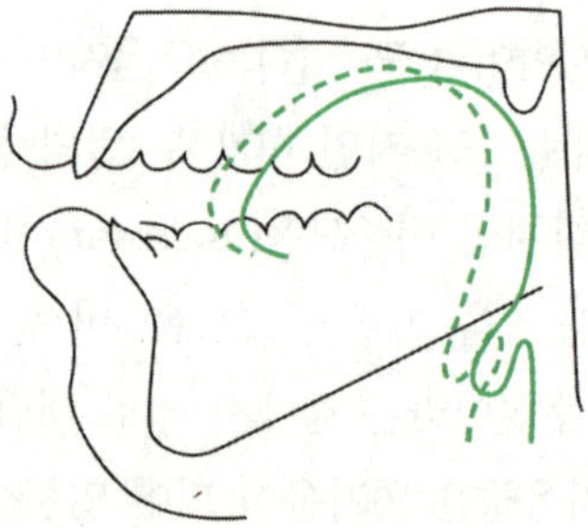

〈그림 14〉 모음 [u] 조음시 혀의 위치(—: 경자음 뒤, ---: 연자음 뒤)

모음 [u]는 어느 언어에서나 보편적으로 조음되는 안정된 발음이다. 러시아어에서 이 모음은 키릴 문자 у와 ю로 나타내어진다. 이 중에서 문자 ю 앞에 오는 자음은 연자음으로 발음되며, 이 경우 모음 [u]의 조음

점이 입천장 가운데 쪽으로 약간 상승하게 된다.

(3) утюг [ŭ·t'·úk] 다리미　　юноша [j·únəšə] 젊은이
сухой [sŭxó·j] 건조한　　музыка [múzўkə] 음악
русский [rúsk'ĭj] 러시아의　　труд [trút] 노동

모음 [e]는 모음 [i]와 같이 전설모음이지만, 모음 [i]보다는 약간 뒤, 낮은 위치에서 발음된다. 혀가 높지도 낮지도 않은 중간 정도에 자리 잡아야 하기 때문에 불안정하므로 강세가 주어지지 않는 한 이 모음은 자신의 음가를 유지하지 못한다. 이것은 러시아어 모음 발음에서 여러 가지 이음을 유발하는 원인이 된다.

이 모음을 나타내는 문자에는 е와 э가 있다. 문자 е는 연자음 [j]를

모음 [e]

특성: 전설모음(гласные переднего ряда)
중모음(гласные среднего подъёма)
비 원순모음(некруглые гласные)

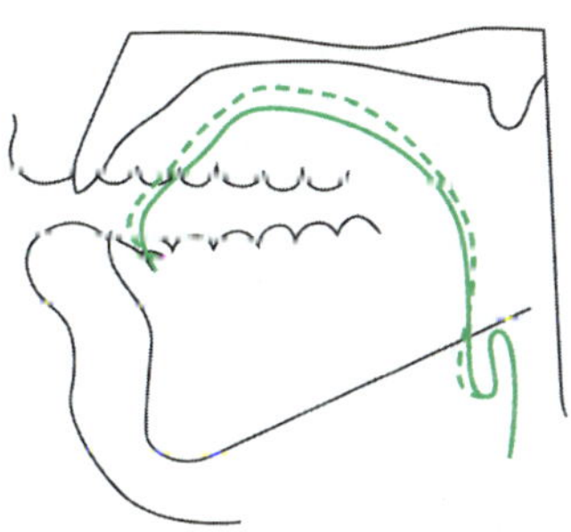

〈그림 15〉 모음 [e] 조음시 혀의 위치(—: 경자음 뒤, - - : 연자음 뒤)

포함하여 [je]로 발음된다. 따라서 모음 [e]가 연자음 뒤에서 발음될 때에는 경자음 뒤에서보다 항상 혓등이 약간 더 올려진 상태에서 발음된다.

(4) небо [n’·ébə] 하늘　　　　герб [g’·érp] 문장(紋章)
　　зелень [z’·é·l’ĭn’] 녹색　　　веха [v’·éxə] 도로 표지
　　зеркало [z’·érkələ] 거울　　бес [b’·és] 악마

모음 [o]는 모음 [e]와 함께 중모음에 속한다. 이 모음은 모음 [u]보다 약간 앞쪽, 낮은 위치에서 발음된다. 이 모음도 모음 [e]와 마찬가지로 위치가 불안정하기 때문에 강세가 주어지지 않는 한 자신의 음가를 유지하지 못한다. 이 때문에 역시 여러 가지 이음적 현상을 일으킨다.

이 모음을 나타내는 문자에는 o와 ё가 있다. 문자 ё는 연자음 [j]를 포함하는 소리로 [jo]로 발음된다. 따라서 모음 [o]가 연자음 뒤에서 발음

모음 [o]

특성: 후설모음(гласные заднего ряда)
　　　중모음(гласные среднего подъёма)
　　　원순모음(круглые гласные)

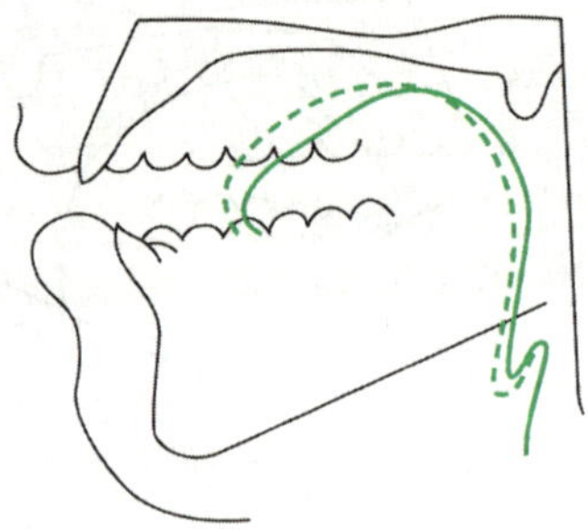

〈그림 16〉 모음 [o] 조음시 혀의 위치(—: 경자음 뒤, ---: 연자음 뒤)

될 때에는 경자음 뒤에서보다 혓등이 약간 더 앞으로 쏠린 상태에서 발음된다.

한국어와 비교할 때 러시아어의 모음 [o]는 입술이 더 동그랗게 된다는 점에 유의해야 한다.

(5) нёбо [n'·óbə] 입천장 лодка [lótkə] 보트
мёртвый [m'·órtvŷj] 죽은 почёт [pă·č·ót] 존경
почта [pó·čtə] 우체국 солёный [să·l'·ónŷj] 염분이 있는

모음 [a]는 가운데 위치에서 발음되기 때문에 중설모음(гласные среднего ряда)이라고 할 수 있지만, 특별한 이유가 있지 않는 한 후설모음으로 분류한다. 이 모음은 안정적인 위치를 차지하고 있어서 사용 빈도

모음 [a]

특성: 후설모음(гласные заднего ряда)
저모음(гласные низкого подъёма)
비 원순모음(некруглые гласные)

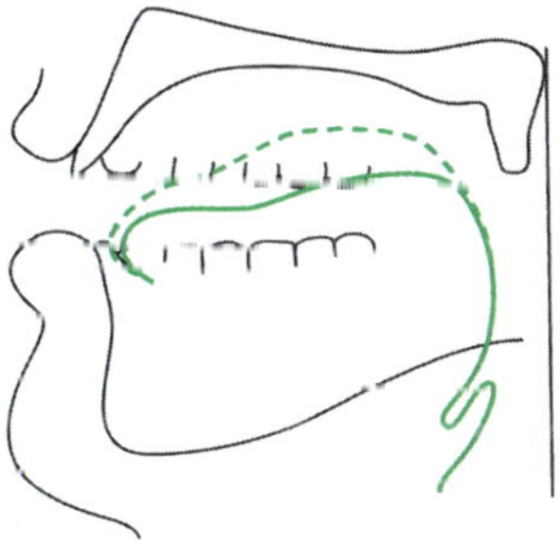

〈그림 17〉 모음 [a] 조음시 혀의 위치(—: 경자음 뒤, ---: 연자음 뒤)

수도 가장 높다. 이 모음을 발음할 때에는 혀가 낮게 누운 상태가 되므로 입이 가장 크게 벌어진다. 이 때문에 모음 [a]를 열린 모음(открытые гласные)이라고도 한다.

이 모음을 나타내는 문자는 a와 я이다. 문자 я는 연자음 [j]를 포함하여 [ja]로 발음되며 문자 я 앞에 오는 자음은 연자음이다. 따라서 모음 [a]는 연자음 뒤에서 발음될 때 경자음 뒤에서보다 약간 더 상승된 위치에서 발음된다.

(6) мясо [m'·ásə] 고기 наука [năúkə] 학문
скала [skălá] 절벽 сказка [skáskə] 이야기
лада [ládə] (민요 속의) 연인 глаз [glás] 눈(目)

과제

1. 한국어의 'ㄷ' 소리와 러시아어 'д' 소리의 공통점과 차이점을 생각해 보시오.

2. 한국어의 'ㅅ' 소리와 러시아어 'с' 소리의 공통점과 차이점을 생각해 보시오.

3. 치음과 치경음의 차이를 살펴보고, 한국어, 러시아어, 영어에서 치음과 치경음의 분포를 비교해 보시오.

4. 전이음에 대해 살펴보고, 한국어, 러시아어, 영어에서 전이음이 나타나는 음성적 환경을 비교해 보시오.

5. 러시아어를 공부하는 한국 학생들은 러시아어 자음을 발음하는 데 어려움을 느끼는 반면, 한국어를 배우는 러시아 학생들은 상대적으로 어려움을 느끼지 않는다. 그 이유가 무엇인지 생각해 보시오.

6. 러시아어의 и [i]와 한국어의 '이' [i]의 발음시 조음 위치를 비교해 보고, 어느 소리가 더 앞에서 나는지 살펴보시오.

7. 러시아어의 ы [y]와 한국어의 '의' [ɨ]의 조음적 특성을 비교하고, 그 차이를 찾아보시오.

8. 한국어와 영어에서는 어떤 원순모음들이 있는지 살펴보고 러시아어와

비교해 보시오.

9. 러시아인들은 한국어의 '어' 발음을 제대로 할 수 없다. 그 이유를 생각해 보시오.

10. 다음의 러시아어 단어들을 읽고, 발음기호로 표기해 보시오.

зелёный	вы	экза́мен	огоро́д
ку́хня	и́ли	река́	ба́шня
слова́рь	юг	я́блоко	ме́сто

제 4 장

러시아어 자음의 주요 특성

주요개념

- 유성(звонкие) - 무성(глухие)
- 경자음(твёрдые) - 연자음(мягкие)
- 기음성(придыхательность): 유기음(придыхательные) - 무기음(непридыхательные)
- 구개음화(палатализация)
- 연자음성(мягкость)

4.1 유성자음과 무성자음

러시아어와 한국어의 자음에서 중요한 차이 중 하나는 유성자음(звонкие, voiced)과 무성자음(глухие, voiceless)의 구분 여부이다. 이러한 유성자음과 무성자음의 구분은 성대(голосовые связки)의 울림에 의해 결정된다.

유성자음은 공기가 지나갈 때 성대의 근육이 수축하여 진동하면서 나는 소리이다. 반면 무성자음은 공기가 통과할 때 성대의 근육이 이완되어 아무런 진동도 일으키지 않는 소리이다. 이러한 현상은 모든 언어에 공통적으로 일어난다. 다만 차이는 이러한 현상을 인식하는가 하지 못하는가에 달려 있다. 러시아어를 비롯한 인도유럽어들에서는 자음이 발음되는 과정에서 일어나는 성대의 진동을 청자들이 인지한다. 그러나 한국어에서는 진동을 인지하지 못한다. 이러한 이유로 한국인들은 유성자음을 발음하면서도 그 사실을 인식하지 못한다.

예를 들어 한국어의 'ㅂ'과 'ㅍ', 'ㅂ'과 'ㅃ'은 어떻게 구분되는가, 그리고 러시아어의 'б', 'п'와 영어의 'b', 'p'는 어떻게 구별되는지를 생각해 보자.

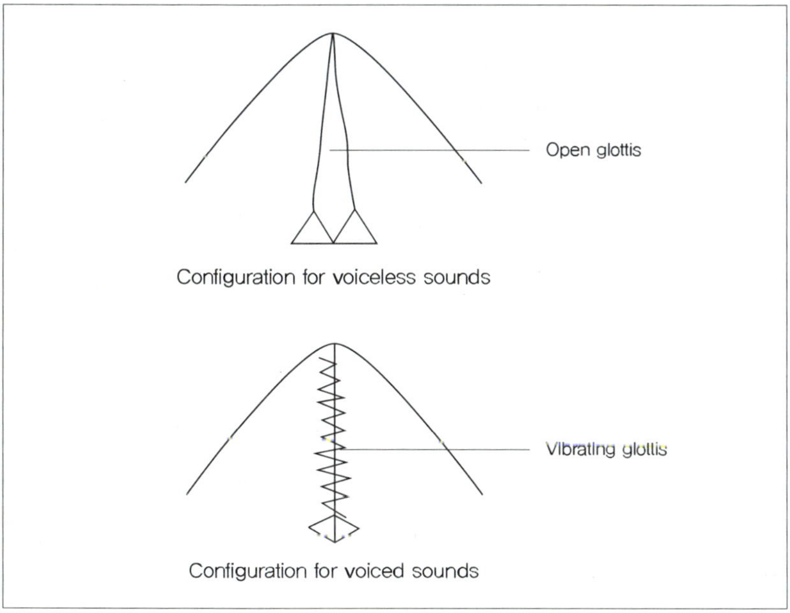

〈그림 18〉 성대 모양

〈표 6〉 러시아어의 유성자음과 무성자음

폐쇄음	무	p p'		t t'				k k'
	유	b b'		d d'				g g'
파찰음	무				c		č	
	유				ʒ		ǯ	
마찰음	무		f f'	s s'		š		x x'
	유		v v'	z z'		ž		ɣ

한국어에서는 유성음과 무성음의 구분이 없다. 대신에 평음과 경음으로 나뉘어진다. 평음은 발성기관이 이완된(ненапряжённый, lax) 상태에서 나는 소리이고, 경음은 긴장된(напряжённый, tense) 상태에서 나는 소리이다. 'ㅂ'과 같은 자음들은 평음이고, 'ㅃ'과 같은 자음들은 경음이

며, 이 두 소리는 모두 무기음(непридыхательный)이다. 무기음은 발음을 하는 사이에 공기가 나오지 않는 자음들이다. 반면에 'ㅍ'은 발음을 하는 동안 공기가 흘러 나오는 유기음(придыхательный)이다.

(1) 무기음 < 평음 ㅂ / 경음 ㅃ

유기음 —— 격음 ㅍ

그러나 러시아어나 영어와 같은 인도유럽어에서는 자음을 구분하는 1차적 기준이 유성과 무성이다. 그런데 러시아어의 무성자음은 한국어의 무기 경음(непридыхательные, напряжённые) 'ㄸ'처럼 들리고, 영어의 무성자음(глухие)은 유기음(придыхательные) 'ㅌ'처럼 들린다. 이

〈표 7〉 한국어의 장애음 음소 체계

조음 방법 \ 조음 위치		양순음	치경음	치경음	경구개음	연구개음	성문음
파열음	평음	p(ㅂ)	t(ㄷ)			k(ㄱ)	
	경음	$p^{ㄱ}$(ㅃ)	$t^{ㄱ}$(ㄸ)			$k^{ㄱ}$(ㄲ)	
	격음	P^{h}(ㅍ)	t^{h}(ㅌ)			k^{h}(ㅋ)	
마찰음	평음		s(ㅅ)				
	경음		$s^{ㄱ}$(ㅆ)				
	격음						h(ㅎ)
파찰음	평음			č(ㅈ)			
	경음			$č^{ㄱ}$(ㅉ)			
	격음			$č^{h}$(ㅊ)			

(강옥미 2003; 116)

것은 러시아어와 영어의 무성자음들의 2차적 속성이 다르기 때문이다. 러시아어의 무성자음은 무기음의 속성을 가지고 있는 반면에 영어의 무성자음은 유기음의 속성을 가지고 있다. 그러나 한국어에서는 이 기음성(придыхательность)이라는 속성이 1차적 자질이다. 따라서 한국인은 언어학적으로 유기음과 무기음을 구별하는 능력만 가지고 있고, 유성음과 무성음을 구별하는 능력은 가지고 있지 못하다. 이 때문에 러시아어와 영어의 무성자음들이 한국인의 귀에는 다른 소리로 들리는 것이다.

〈표 8〉은 한국어, 러시아어, 영어의 장애음 중 폐쇄음을 유성성(звучность, voice), 기음성(придыхательность, aspiration), 긴장성(напряжённость, tense)의 자질을 비교하여 그 차이를 보여주고 있다.

한국어에서는 1차 자질인 [긴장성](±tense)에 의해 조음기관이 긴장되

〈표 8〉 러시아어, 한국어, 영어의 자음 자질 비교

	무성자음		유성자음	
	유기음	무기음	유기음	무기음
러시아어		p[p˥]		b
영 어	p[Pʰ]			b

		1차 자질	2차 자질	3차 자질
한국어	ㅋ, ㅌ, ㅍ	+긴장성	↗ +기음성	-유성성
	ㄲ, ㄸ, ㅃ		↘ - 기음성	
	ㄱ, ㄷ, ㅂ	-긴장성 →	→	+유성성
러시아어	k, t, p	-유성성 →	-기음성 →	+긴장성
	g, d, b	+유성성 →	→	-긴장성
영어	k, t, p	-유성성 →	+기음성 →	+긴장성
	g, d, b	+유성성 →	→	-긴장성

(강녀수 외 1995, 33-34)

는(tense) 경음(된소리) ㄲ, ㄸ, ㅃ과 격음(거센소리) ㅋ, ㅌ, ㅍ, 그리고 조음기관이 이완되는(lax) 평음(약한 소리) ㄱ, ㄷ, ㅂ이 구분된다. 그리고 2차 자질인 [기음성](±aspiration)에 의해 무기음인 경음과 유기음인 격음이 구분된다. 한국어에서 [유성성](±voice)은 자음 배열의 환경에 의해 부차적으로 구분되는 비 기능적 자질이다.

반면 러시아어와 영어에서는 [유성성](±voice)의 특성이 제 1차적이기 때문에 장애음은 유성자음(voiced) b, d, g와 무성자음(voiceless) p, t, k로 구분된다. 그런데 제 2차적 특성으로서 영어의 무성자음은 [+기음성]을 가져 유기음이 되고, 러시아어의 무성자음은 [-기음성]을 가져 무기음이 된다.

이 때문에 영어의 무성자음은 유기음으로 발음되어 한국어의 격음 ㅋ, ㅌ, ㅍ처럼 들리고, 러시아어의 무성자음은 무기음으로 발음되어 한국어의 경음 ㄲ, ㄸ, ㅃ처럼 들리는 것이다.

4.2 경자음과 연자음

자음 중에는 센입천장(твёрдое нёбо, палатум, palatal) 쪽으로 혓등이 상승하여 발생하는 소리들이 있다. 그런 소리를 경구개음(센입천장 소리)이라고 하며 영어에는 /č/, /ǯ/, /j/가 있다. 한국어에는 공명음인 반모음 /j/만이 이러한 자음에 속한다. 한국어의 자음 'ㅈ', 'ㅉ', 'ㅊ'는 치경과 경구개 사이에서 발음되는 구개치경음이다. 반면 러시아어의 센입천장 소리로는 /č/와 /ǯ/ 그리고 /j/가 있고, 이외에 모든 자음들이 발음시 혓등이 센입천장 쪽으로 상승하여 발음되는 대응 짝을 가지고 있다. 이러한 자음들을 러시아어에서는 연자음(мягкие, палатализованные, soft consonants)이라고 한다.

러시아어 알파벳에서 연자음을 나타내는 문자는 ч와 щ, 그리고 й뿐이다. 다른 자음 철자들은 모음 철자 и, е, ё, я, ю 앞에 오는 경우 대부분 연자음으로 발음된다. 이것은 러시아어에서 일어난 역사적 변화의 결과이다. 러시아어 문자인 키릴 문자가 만들어진 9세기 당시에는 발음상으로 특별히 경자음과 연자음을 구분할 필요가 없었다. 연자음은 ж, ш, ц, ч, щ의 다섯 개가 있었고, 나머지의 경우에는 전설모음 и, е, ь, я, ю 앞에서 자동적으로 구개음화(палатализация, palatalization)가 일어났다. 이것은 자음이 어떤 모음 앞에 오는가에 의해 결정되는 자동적 현상이었기 때문에 구개음을 위한 문자를 따로 만들 필요가 없었던 것이다.

그러나 러시아어에서 /j/(jot)라는 새로운 반자음(glide) 음소가 생겨나면서 е, я, ю와 같은 모음들은 /j+e/, /j+a/, /j+u/로 분해되었다. 대신에 구개음화를 일으키는 반자음 /j/는 자음과 모음 사이에서 자음의 속성으로 변하였다. 예를 들어, мя라는 철자 결합이 9세기 경에는 한국어의 '먀'와 같은 발음 구조인 /m/ 과 /ja/로 발음되었다. 그러나 현대 러시아어에서는 /mj/와 /a/의 결합으로 바뀌었다. 즉, [m-ja]가 아니라 [m'-a]로 발음되는 것이다.

(2) 고대러시아어 현대러시아어

мя [m+ja] [m'+a]

조음 방법적 측면에서 보면 연자음을 발음하기 위해서 혓등을 경구개(센입천장) 쪽으로 바짝 들어 올려야 한다. 그런데 중요한 것은 혓등을 들어 올리는 시점이다. 고대 러시아어에서 [m-ja]는 한국어의 '먀'처럼 혓등이 올라가는 시점이 모음의 조음 시작점과 일치한다. 반면에 현대 러시아어의 [m'-a]는 자음의 조음이 끝나는 점에서, 즉, 모음이 조음되기 전에 혓등이 상승해 있어야 한다. 러시아인들은 이러한 자음들을 구개음화된 자음, 즉 연자음으로 인지한다.

적어도 13-14세기 이후부터 러시아어에는 많은 연자음들이 생겨났다.

그러나 이러한 연자음들을 위한 철자는 따로 만들어지지 않았다. 러시아인들은 전이음 /j/의 기능을 이미 알고 있었다. 그리고 и, е, ё, я, ю와 같은 모음 철자와 연자음 부호 ь는 단순히 앞에 위치한 자음들이 연자음이라는 것을 표시해 주는 기능을 가지고 있다는 것을 인지하고 있기 때문이다.

반면에 한국어에서는 대부분 치경음 'ㄷ, ㄸ, ㅌ'이 전설모음을 만나면 구개치경음 'ㅈ, ㅉ, ㅊ'이 되었다. 치경음 'ㄷ, ㄸ, ㅌ'이 전설모음 '이' 앞에서 구개음화를 일으켜 구개치경음 'ㅈ, ㅉ, ㅊ'으로 바뀌는 것이다.

〈표 9〉 러시아어의 자음 소리

조음 위치 / 조음 방법			순음				설음								
							전설						중설	후설	
			양순		순치		치음		치경음		치경구개음	경구개음		연구개음	
			경	연	경	연	경	연	경	연	경 연	연		경	연
장애음	폐쇄음	무	p	p'			t	t'						k	k'
		유	b	b'			d	d'						g	g'
	파찰음	무							c			č			
		유							ʒ**			ǯ**			
	마찰음	무			f	f'	s	s'			š (š'š')*			x	x'
		유			v	v'	z	z'			ž (ž'ž')*			ɣ**	
향음	비음	유	m	m'			n	n'							
	유음 설측	유					l	l'							
	유음 설전	유							r	r'					
	전이음	유											j		

* 연자음 [š'š'], [ž'ž']는 щи [š'š'ĭ] '야채수프', дрожжи [dró·ž'ž'ĭ] '효모'와 같이 한 형태소 내에서 서로 겹치는 경우에만 발생한다.

** отец даст [ă·t'·éʒdást], дочь была [dó·ǯbўlá], их дом [ĭɣdóm]에서 볼 수 있는 것처럼 ʒ, ǯ, ɣ는 형태소 경계에서 각각 무성자음 c, č, x가 유성자음 앞에 올 때 발생하는 위치적 이음이다.

(3) 됴코 → 좋고 (d→ʒ /________ /i/)

아버디 → 아버지 (t'→ʒ' /________ /i/)

같이 → [가치] (t→č /________ /i/)

러시아어의 모든 자음들은 경자음과 연자음으로 분류된다. 이렇게 분류하는 기준은 연자음성(мягкость, palatility)이다. 연자음성은 발음할 때 혓등이 경구개(센입천장) 부위로 상승하는 속성을 말한다. 혀가 높이 치켜 올려지는 것은 모음 [i]의 속성이다. 따라서 러시아어의 연자음들은 [i]의 속성을 내재하고 있다고 할 수 있다.

4.3 전이음의 발생

앞이나 뒤에 연자음이 있어도 모음들이 강세를 갖는 경우에는 본래의 음가를 그대로 유지한다. 다만 연자음의 조음적 영향으로 전이음(глайд, скольжение, скольжащий звук, glide) [j]가 자음과 모음 사이에서 발생한다. 이러한 전이음이 생기는 이유는 발성기관들이 자음 소리의 조음점으로부터 모음 소리의 조음점으로 이동하면서 모음 소리의 조음 위치를 금방 잡을 수 없기 때문이다. 따라서 발성기관들은 다음 소리의 기본 조음 위치로 가는 도중에 이미 그 소리의 일부를 내게 되는 것이다. 이것이 바로 러시아어에서 특유한 적응 과정(аккомодация)이라는 것이다.

연자음 소리를 가진 단어 мя́со는 이러한 적응 과정을 보여주는 예이다. 이 단어에서는 연자음 소리 [m'] 뒤에서 모음 소리 [á]가 발음되어야 한다. 연자음 소리 [m']을 발음할 때, 이 소리는 연음화된 소리이므로 혀의 가운데 부분이 경구개(센입천장) 부위로 높이 올라가야 한다. 반면에 낮은 자리 모음 소리인 [a]를 발음하기 위해서는 혀가 빨리 아래로 내려와야 한다. 그러나 혀의 움직임은 그렇게 순식간에 이루어지지 않는다. 혀가 아래로 내려오기 위해 방향을 바꾸는 사이 높은 위치에서 주춤하게 된다. 그리고 주춤하는 사이 높은 위치에 조음점을 가지고 있는 모음 소리 [i]와 가까운 소리가 자동적으로 발생된다. 이로 인해 연자음 [m']가 뒤를 따르는 [a] 소리의 첫 부분에서 [i]에 가까운 전이음 [j]가 들리게 되는 것이다. 따라서 мясо는 [m'jásə]로 발음된다. 이것을 제 2장에서 설명한 대로 연자음과 모음 사이에서 발생하는 전이음을 부호 [·]로 표시하면, [m'·ásə]로 표기할 수 있다.

러시아어를 모국어로 말하는 사람들은 보통 이 소리의 발생을 인식하지 못한다. 그러나 제2외국어로 러시아어를 공부하는 외국인들에게는 이 소리가 하나의 완전한 소리로 들릴 수가 있다. 그래서 소리만 듣고 받아쓰는 경우 миасо와 같이 쓰게 될 수 있다.

적응에 의한 전이음의 발생은 [a]뿐만 아니라 [e], [o], [u]에서도 마찬가지이다.

(4) мел [m'·él] 백묵
пёс [p'·ós] 개
юг [j·úk] 남쪽

연자음이 뒤에 따라오는 경우에도 자음의 연음성이 앞의 모음에 영향을 미쳐 전이음을 발생시킨다.

(5) дать [dá·t'] 주다　　ось [ó·s'] 축
улица [ú·l'ĭcə] 거리　　эти [é·t'ĭ] 이것들

모음의 앞과 뒤에 연자음이 오는 경우에는 적응 현상이 이중으로 발생하여 모음의 성격을 크게 바꾼다. 이때의 모음 소리는 본래의 모음 소리와 비교할 때 닫힌 소리가 된다. 특히 낮은 자리 모음 [a] 소리와 가운데

자리 모음 [e], [o] 소리는 높은 자리 모음 소리들보다 더 크게 영향을 받는다.

(6) мять [m'·á·t'] 부수다　　есть [j·é·s't'] 있다, 먹다
тётя [t'·ó·t'·ə] 아주머니

다음은 자음 소리들에 대한 음성기호이다.

(7) [p] : план [plán]　　[p'] : пять [p'·á·t']
[b] : баба [bábə]　　[b'] : бег [b'·ék]

[t] : там [tám]　　[t'] : тётя [t'·ó·t'·ə]
[d] : дама [dámə]　　[d'] : дядя [d'·á·d'·ə]

[k] : кот [kót]　　[k'] : кем [k'·ém]
[g] : город [górət]　　[g'] : ноги [nó·g'ĭ]
[f] : факт [fákt]　　[f'] : фён [f'·ón]
[v] : вол [vól]　　[v'] : вёл [v'·ól]

[s] : стол [stól]　　[s'] : село [s'·élə]
[z] : зал [zál]　　[z'] : земля [z'ĭml'·á]

[x] : хорошо [xərăšó]　　[x'] : химия [x'ím'ĭj·ə][1)]
[ɣ] : их дом [ĭɣdóm]

[š] : шум [šúm]　　[š'] : щи [š'š'í]

1) 어미 -я, -е가 [-i]가 아닌 [-ə]로 발음되는 것은 문법의 영향 때문이다(10장 참조)

[ž] : жить [žýť]

[ž'] : позже [pó·ž'ž'·ə][1)]

[č] : дочь [dó·č]

[ǯ] : дочь даст [dó·ǯdást]

[c] : цена [cy̆ná]

[ʒ] : отец даст [ă·ť·éʒdást]

[l] : стал [stál]

[l'] : сталь [stá·l']

[m] : мать [ma·ť]

[m'] : мять [m'·á·ť]

[n] : вон [vón]

[n'] : вонь [vó·n']

[r] : рад [rát]

[r'] : ряд [r'·át]

[j] : язык [jĭzýk]

과제

1\. 다음을 읽고 키릴 알파벳으로 쓰시오.

1. [z’·á·t’]	2. [vz’·á·t’]	3. [kră·j·á]
4. [mó·r’·ə]	5. [zbrú·j·ə·j]	6. [zbrú·j·ə]
7. [pă·j·é·l’ĭ]	8. [s’ín’·ŭ·j·ŭ]	9. [n’ĭs’·ó·t’ĭ]
10. [ŭpr’·ók]	11. [bў̆t’j·ó]	12. [t’·ó·t’·ə]
13. [s’t’ĭná]	14. [ăddá·t’]	15. [fsădú]
16. [č·á·j·əm]	17. [áxə·n’j·ə]	18. [pă·l’tó]
19. [p’·át]	20. [p’·á·t’]	21. [păšól]
22. [ăgărót]	23. [d’·é·n’]	24. [ú·z’ĭl]
25. [ú·z’n’ĭk]	26. [j·ólkə]	27. [mă·j·ó]
28. [č·á·j]	29. [čj·ú]	30. [b’j·ú]

2\. 다음의 어휘들을 표기된 발음기호에 따라 읽어 보시오.

1) сад - в садý - садовóд

   [sat] - [fsădú] - [sədăvót]

2) нос - носóк - носовóй

   [nos] - [năsók] - [nəsăvó˙j]

3) странá - сторонá

   [străná] - [stərăná]

4) горд - гóрдо - гóрода

   [gort] - [górdə] - [górədə]

5) прóсьба - экзáмен

   [pró·z’bə] - [ĕgzá·m’ĭn]

3. 러시아 남자 이름 중 Пётр가 있다. 한국인은 이 이름을 「뾰뜨르」라고 발음하는데 미국인은 「표트르」라고 밖에는 발음하지 못한다. 그 원인을 생각해 보고 설명하시오.

4. 러시아인에게 생선 이름 중 “꽁치”는 비교적 정확하게 가르칠 수 있다. 그러나 “통영”이라는 지명은 발음을 정확히 가르치기가 어렵다. 그 이유를 음성학적으로 설명해 보시오.

제 5 장

모음 발음 현상

주요개념

- 변별성(дифференциальность)
- 모음약화(редукция гласных)
- 자유강세(свободное ударение)
- 결합음(комбинаторные)
- 성절음(слоговой)
- 유추(аналогия)

5.1 모음 소리의 변화와 철자

현대 러시아어의 모음 문자는 а, е, и, о, э, ю, я, ё, у, ы로서 모두 10개이다. 이 기호들이 문자(буква)라는 것을 강조하는 이유는 많은 사람들이 실제 발음과 문자의 차이를 인식하지 못하는 수가 있기 때문이다. 그래서 현재 쓰이고 있는 문자들이 발음을 반영하고 있다는 오해를 할 수 있다. 그러나 이 문자들은 9세기 경 키릴 형제가 살았던 당시의 발음을 반영하는 것이다. 그리고 그 이후 1,000 여년이 지나면서 러시아어는 발음에 많은 변화를 겪었지만, 철자는 별로 변하지 않았다. 현재의 러시아어 철자가 실제 발음을 반영하지 않는 이유가 여기에 있다.

언어는 강물과 같은 흐름의 존재이다. 어제 흘러간 물이 오늘 흐르는 물이 아니듯이 언어는 시간의 흐름에 따라 인간이 감지하지 못할 정도로 느리게 조금씩 변해 간다. 여기서 언어란 글말(письменный язык, written language)이 아니라 입말(устный язык, spoken language)을 말한다. 이러한 변화가 처음에는 눈에 띄지 않을 정도로 작게 보이지만 몇 세기를 두고 계속되면 나중에는 커다란 차이로 인식된다. 언어의 변화가 형태적인 측면이나 통사적인 측면, 어휘적인 측면에서 일어나는 것은 문법이나 어휘에 바로 반영이 된다. 그러나 음성적인 측면에서의 변화는 철자법에 바로 수용되기가 쉽지 않다. 그것은 기호가 갖는 사회적 약속이라는 구속성 때문이다. 문자가 만들어질 때 문자는 당시의 실제 발음과 1:1 대응 관계로 고안된다. 종이에 쓰여진 글은 바뀌기가 어렵지만 입에서 존재하는 말은 항상 가변적 실체이다. 따라서 글과 말의 1:1 대응 관계가 깨어지는 것은 필연적 현상이다.

이것은 한글과 한국어의 차이에서도 이미 경험한 바이다. 세종대왕께서 한글을 창제하신 이후 오늘에 이르기까지 4개의 문자가 없어졌다. 러시아에서도 2차에 걸친 문자개혁이 있었다. 첫 번째는 표트르 대제(Пётр I Великий)의 문자개혁(1701)이다. 이 1차 문자개혁에서는 본래의 음가를 잃어버리고 실제 생활에서 쓰이지 않던 문자들이 제거되었다. 그것은 교회 슬라브어 유산으로 남아 있던 8개의 문자 оу, ѩ, ѫ, ѡ, ѯ, i, ѳ, ь였다. 두 번째는 러시아 혁명 직후의 문자개혁(1918)이다. 그 결과 당시 닫힌 소리로서 이미 모음 [e]에 병합되어 있었던 ѣ([ě])와 ї가 더 이상 사용되지 않게 되었다.

음가를 잃어버린 문자는 문자 체계에서 제거하면 그만이다. 그런데 음가를 완전히 잃어버린 것이 아니라 약간 변하기만 한 문자는 제거할 수가 없다. 예를 들어, потолок '천장'은 3개의 모음 o의 실제 발음이 모두 다르다. 이것은 [pətǎlók]으로 발음된다. город '도시'도 [górət]로 발음되어 실제 발음이 철자와 다르다는 것을 알 수 있다. 그러나 이러한 변화를 모두 정자법에 반영하면 어휘들의 의미적 관계가 모호해지고 어원상의 관계도 단절될 수 있다. 그래서 소리가 변해도 철자는 바꾸기 어려운 것이다.

러시아어 역사에서 아주 중요한 변화는 모음 я, е, ю, ё, и와 관련이 있다. 키릴 형제가 문자를 만든 당시 이 모음들은 단일모음이었다. 이 중 ё는 18세기 초 카람진(Карамзин)에 의해 만들어진 것이다. 키릴 형제 시대에 슬라브어에는 [jo]에 해당되는 발음이 없었다. 따라서 키릴 형제도

이에 대한 문자는 만들지 않았다. 모음 문자 **я, е, ю, ё, и**는 발음상 한국어의 '야, 예, 유, 요, 이'와 같다고 볼 수 있다. 그러나 한국어에서 이 모음들은 모음 '이'를 제외하고는 모두 이중모음의 역할을 한다.

그러나 러시아어에서는 내적 원인에 의해 이 단일모음들이 해체되는 과정을 겪게 되었다. 그 결과 모음 **я, е, ю, ё, и**는 [j+a], [j+e], [j+u], [j+o], [j+i]로 분해되었다. 그것은 모음이 가지고 있던 전이음 [j](jot라고 부른다)가 분리되어 독립된 소리가 되었기 때문이었다. 키릴 형제 시대에는 [j]가 모음에 포함되어 있었지만, 12-13세기 경 독립된 소리가 되어 개별적인 자음이 되었다. 그러나 이 새로운 소리 [j]가 자음과 모음 사이에서 혼자 발음될 수는 없었다. 대신 모음 앞에 위치한 자음에 편입되었다. 그리고 그 자음은 조음점이 입천장 쪽으로 상승하게 되었다. 이러한 자음을 '연자음'으로 구분한다. 예를 들어 '**мя**'라는 철자는 경자음 [m] + [ja]가 아니라 [m'] + [a]로 분석된다. 그래서 한국어의 '먀'와 러시아어의 '**мя**'의 발음은 확연히 구분되는 것이다. 러시아어에서는 '**м**'을 발음할 때 이미 혀가 입천장에 올라가 있어야 한다. 그것은 '**мя**'의 '**м**'이 경자음 [m]이 아니라 연자음 [m']이기 때문이다.

자음 [j]의 독립으로 고대 러시아어에서 단일모음이며 전설모음이었던 **я, е, ю, и**는 현대 러시아어에서 모음으로서의 독립된 위치를 상실하고 앞에 오는 자음이 연자음이라는 것을 나타내어 주는 단순한 기호가 되었다. 그 결과 모음의 실제 수가 반으로 줄어든 반면 자음의 숫자는 거의 배로 늘어났다. 그러나 이런 소리의 변화를 철자에 반영한다면 문자 생활에 커다란 혼란이 야기될 수 있다. 더구나 문자 체계를 그대로 사용한다고 해서 사용자들에게 특별히 불편이 생기는 것도 아니다. 문자를 바꾸면서 생기는 득보다 실이 더 많을 수 있다. 이 때문에 현대 러시아어에서 문자 기호와 소리가 1:1 대응 관계를 이루지는 않지만, 형태적으로는 일관성 있는 체계를 유지하게 된 것이다.

한국어 발음은 정자 체계에 기본을 두고 있다. 이 때문에 한국어는 적어도 1세대가 지날 때마다 정자법을 손질해야 한다. 우리는 19세기의 문서들을 쉽게 읽어낼 수 없다. 90년대 초 정자법 개선을 통해 많은 단어들의 맞춤법을 고쳤다. 예를 들면 맞춤법 통일안을 통해 '있읍니다'가 '있습니다'로 바뀌었다. 그 이유가 바로 발음에 가깝게 표기해야 한다는 이유 때문이다.

폴란드어나 세르보-크로아티아어는 한국어와 같이 음소적 표기법을 따르고 있다. 그 때문에 예를 들어 폴란드어 dech[dex] '숨'라는 단어는 생격형에서 tchu[txu]로 바뀐다. 이것은 현실 발음의 반영이라는 측면에서는 맞지만 형태적 측면에서는 그렇게 좋은 원칙은 아니다. 언어를 어느 정도 아는 사람이 아니라면 dech와 생격형 tchu의 관계를 찾을 수 없기 때문이다.

러시아어는 정자법에서 형태음소적 원칙을 철저히 고수하고 있으며, 철자와 발음의 음성적 차이를 발음규칙으로 보완한다.

5.2 모음의 약화

러시아어에서 모음은 철자가 10개나 되어 복잡해 보인다. 그러나 실제 발음은 6개에 불과하고, 강세가 없으면 3개 또는 4개로 줄어들어 아주 단순한 모음 구조를 보인다.

〈그림 19〉의 적응도에서 보는 바와 같이 강세가 없는 경우 연자음 사이에서 실현될 수 있는 모음 음소의 수는 현저히 줄어든다. 모음에 강세가 없기 때문에 혀가 소리를 분명하게 생산해 내기에 충분한 시간(길이)과 에너지(세기)가 주어지지 않기 때문이다. 이것은 바로 모음의 변별성(дифференциальность)의 감소를 의미한다. 그리고 모음의 변별성이 감소하는 이러한 현상을 모음약화(редукция гласных, vowel reduction)라고 한다. 이러한 모음약화는 혀의 움직임이 아주 작은 활동 범위로 축소

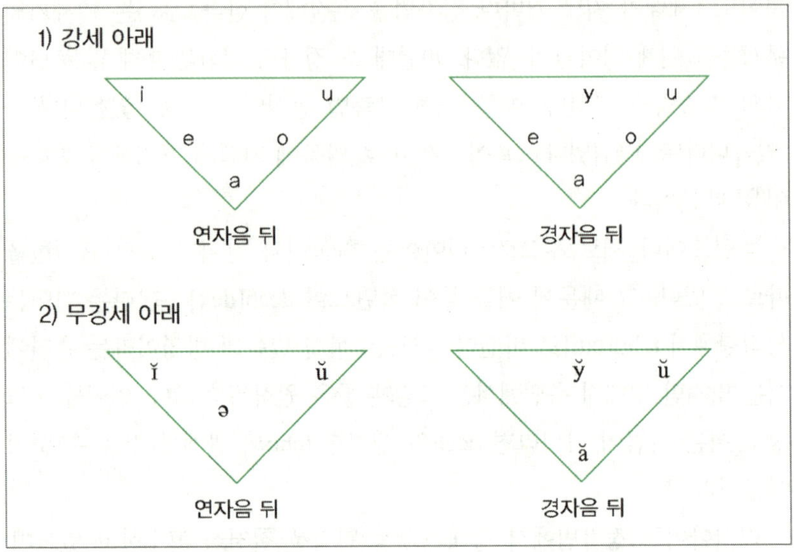

〈그림 19〉 러시아어 모음의 적응도

되기 때문에 발생한다. 예를 들어, 모음 /a/는 경자음 뒤에서 조음 부위가 혀 가운데 쪽으로, 그리고 입 아래쪽으로 이동하여 발음이 짧은 모음 [ă] 또는 약화모음 [ə](schwa) 소리로 제한된다.

(1) барабан [bərăbán] 북
    книга [kn'ígə] 책
    картина [kărt'ínə] 그림

반면에 연자음 뒤에서는 혀의 가운데 부분이 이미 입천장 가까이 올라가 있기 때문에 그 다음 모음 소리의 조음 부위가 보다 더 높이 그리고 보다 더 앞쪽으로 이동하여 짧은 모음 [ĭ]로 발음된다.

(2) пята [p'ĭtá] 뒤꿈치

яйцо [jĭjcó] 계란

лягушка [l'ĭgúškə] 개구리

러시아어의 발음규칙은 모음약화 현상과 포괄적으로 관련이 있다. 따라서 발음규칙을 이해하기 위해서는 모음약화 현상이 어떻게 일어나고 있는가를 살펴보아야 한다.

현대 러시아어에서 모음의 약화 현상은 강세에 의해 발생된다. 이 강세는 러시아어에서 대단히 중요한 역할을 하는데, 그것은 강세가 세기(강약)뿐만 아니라 길이(장단)의 특성까지도 구분하는 변별적 자질을 지니고 있기 때문이다. 러시아어에서는 모음 위에 강세가 떨어지는 경우, 그 모음은 강세가 없는 다른 모음보다 상대적으로 약간 더 길게 발음된다. 그리고 강세가 없는 모음들은 보나 더 짧은 소리가 된다. 그러므로 철자가 같은 단어라 하더라도 강세의 위치가 다르면 뜻이 달라지게 된다.

(3) замок [zámək] 성(城) : замок [zămók] 자물쇠

мука [múkə] 고문 : мука [mŭká] 밀가루

уже [úžə] 더 좁게 : уже [ŭžé] 이미

большая [bă·l'šá·j·ə] 큰 : большая [bó·l'šə·j·ə] 더 큰

сволочь [svólə·č] 부랑배 : сволочь [svăló·č] 끌다

러시아어에서 강세는 어휘의 형태나 의미와 관계없이 음운적으로 구속받지 않고 어느 음절에나 떨어진다. 즉, 러시아어 강세는 'хóлодно'와 같이 첫 음절이나 'голубóй'와 같이 마지막 음절, 또는 'надéяться', 'выдавáться' 등과 같이 가운데 음절에 강세가 올 수 있다. 따라서 러시아어의 강세는 자유강세(свободное ударение)형으로 분류된다. 또한 강세는 형태적 제약도 받지 않아 ногá - нóги, сын - сыновья́, сы́ро - сыровáт에서와 같이 형태소의 확장이나 변화와 상관없이 자유로운 위

치를 갖는다.

같은 슬라브어권 내에서도 러시아어는 다른 슬라브어들과 구분된다. 예를 들어 서 슬라브어에 속하는 폴란드어에서는 강세가 끝에서 두 번째 음절에 규칙적으로 떨어진다. 체코어에서는 항상 첫 음절에 강세가 온다. 이러한 강세 유형은 자유강세형과 대비시켜 고정강세형이라고 부른다.

음향적 측면에서 러시아어의 강세는 전통적으로 역동적인 특성을 지니고 있다. 강세 음절은 좀더 큰 긴장성(напряжённость)과 좀더 강한 호흡(выдох)에 의해 발음된다. 따라서 이러한 음절은 좀더 시끄럽게 들리는 특성이 있다. 그리고 이 소음성(騷音性, громкость)은 모음의 고유 성질에 따라 다르지만, 모음의 조음 위치에 따라 달라지기도 한다. 가장 시끄러운 소리는 저모음인 [a]이고, 가장 조용한 소리는 고모음인 [i], [y], [u]이다. 그리고 강세 바로 앞 음절의 모음으로서 어두에 가까이 있는 모음들은 강세 음절의 모음보다 더 시끄럽게 들릴 수 있다. 또한 강세 위치에서 멀리 있을수록, 또는 강세 뒤에 위치하는 모음들은 더욱 약화되어 발음된다.

(4) огород [ăgărót] 채소밭
огурец [ăgŭ·r'·éc] 오이
колокол [kóləkəl] ~ [kólkḽ][2] 종
барабан [bərăbán] ~ [brăbán] 북

위의 예들을 청각적 관점에서 분석해 보면, 첫 음절과 강세 음절이 다른 음절에 비해 돌출되는 것(prominence)을 감지할 수 있다. огоро́д와 огуре́ц에서는 첫 어두 음절 모음 o[ă]와 강세가 있는 음절의 모음 [ó]와 [é]만 정확하게 들린다. 특히 보통 속도의 대화체에서 세 번째 예 ко́локол

---

2) [ḽ]은 자음 /l/의 이웃으로서 모음의 기능을 갖는 자음이다. 이러한 자음을 성절음(слоговой, a syllabic)이라고 한다. (5.4. 참조).

은 강세 음절 뒤에 따라오는 음절들의 모음이 거의 들리지 않는다. 네 번째 예 барабáн도 강세 음절에서 멀리 떨어져 있는 첫 음절의 모음 [ə]는 아예 들리지 않을 수도 있다. 그래서 [bərăbán] 대신 [brăbán]이 더 자연스러운 발음으로 들릴 수 있다.

러시아어의 강세는 질량적으로 양면적 특성이 있어서 무강세 음절에서 모음약화를 일으킨다. 모음약화의 본질은 모음 음소의 수가 줄어도 의사소통에서는 아무런 문제가 발생하지 않는다는 것이다. 이런 이유로 무강세 음절에서 나타날 수 있는 모음 음소의 수는 강세 음절에서 나타나는 모음 음소의 수보다 더 적게 된다. 모음이 약화된다는 것은 모음이 발음되는 길이가 짧아지는 것(меньшая длительность)뿐만 아니라 성질(качество)까지도 바뀌는 것을 의미한다.

5.3 결합음과 모음약화

모음약화 현상은 강세의 유무가 일차적 요인이지만, 이웃하고 있는 자음이 어떤 것이냐에 따라서도 영향을 받는다. 예를 들어 음절이 자음과 모음으로 구성되어 있는 경우, 발성기관인 혀는 자음을 발음하기 위한 조음점으로부터 모음을 발음하기 위한 조음점으로 조음 위치를 이동하게 된다. 그러나 조음 위치를 움직이는 것이 순간적으로 그렇게 빨리 일어나지는 못한다. 그 결과 모음 소리를 만드는 과정의 첫 부분과 자음 소리를 만드는 과정의 마지막 부분이 서로 겹치게 된다. 이로 인해 모음 소리의 조음은 그 첫 일부나 전체 과정이 자음의 영향을 받아 약간의 변형이 일어나게 된다. 이것을 결합음(комбинаторные)이라고 하는데, 이것이 바로 모음 음소의 이음으로 인지되는 것이다. 그리고 결합음을 만드는 과정을 적응(аккомодация)이라고 한다.

음성학적 관점에서 볼 때 적응은 모든 언어에서 불가피하게 일어나는 현상이다. 왜냐하면 언어는 소리의 끊임없는 흐름이기 때문이다. CV형의 음절에서 모음 소리의 조음은 자음 소리의 조음이 끝나기 전에 이미 시작된다. 이때 자음 소리의 조음이 모음 소리의 조음에 영향을 미치는지, 아니면 모음 소리의 조음이 자음 소리의 조음에 영향을 미치는지는 언어마다 고유한(language-specific) 현상이다.

키릴 형제가 알파벳을 만든 9세기 경에는 CV형의 음절에서 뒤따라 오는 모음에 의해 자음의 성질이 결정되었다. 이 때에는 я, е, ю, и와 같은 모음 철자 앞에 오는 자음들은 자동적으로 연자음이 되었고 따라서 그 변화가 인식되지 않았다. 즉 그 당시는 소리의 주도권이 모음에 있었다. 이런 측면에서 고대 러시아어는 모음 중심의 언어였다.

반면에 현대 러시아어에서는 모음 소리의 조음이 앞에 위치한 자음 소리의 영향을 받는다. 왜냐하면 고대 러시아어와 달리 현대 러시아어는 자음 중심의 언어가 되었기 때문이다. 따라서 자음과 모음의 적응 과정에서 결합에 의한 변화(комбинаторное изменение)의 방향이 자음에서 출발하여 모음으로 귀결된다.

그러면 실제로 앞, 뒤 자음에 모음이 적응하여 결합음, 즉 새로운 이음을 만드는 과정에는 어떤 것이 있는지 살펴보기로 한다.

5.3.1 경자음 뒤에서의 모음약화

모음 음소 /a/와 /o/는 강세 없는 음절에서 어두에 위치하거나, 강세 음절의 바로 앞에 위치하는 경우, 단모음 [ă]가 된다.

(5) огород [ăgărót] 야채밭
　　замок [zămók] 자물쇠

그러나 어두나 강세 음절 바로 앞이 아닌 그 밖의 다른 위치에서는 아주 약화되어 [ə]로 발음된다.

(6) потолок [pətălók] 천장
　 барабан [bərăbán] 북

(7)
$$\left.\begin{matrix}/a/\\/o/\end{matrix}\right\} \rightarrow [\breve{a}]\ /\quad \#\_\_\_\_\ \underset{[+stress]}{CV}$$

$$\left.\begin{matrix}/a/\\/o/\end{matrix}\right\} \rightarrow [ə]/\quad \text{그밖에}$$

모음 음소 /u/는 경자음 뒤의 강세 없는 음절에서 항상 단모음 [ŭ]로 발음된다.

(8) клубок [klŭbók] 실타래　　кукушка [kŭkúškə] 뻐꾸기

위와 같이 이음 [ă], [ə], [ŭ]는 앞이나 뒤의 자음이 경자음인 경우에 발생한다. 그러나 앞이나 뒤의 자음이 연자음인 경우에는 나란히 이웃한 모음에 미치는 영향이 복잡하여 더 많은 이음들이 발생한다.

5.3.2 연자음 뒤에서의 모음약화

모음 음소 /i/, /e/, /o/, /a/는 강세 없는 음절에서 앞에 있는 자음이 연자음인 경우 짧은 모음 [ĭ]로 발음된다.

(9) $/i,\ e,\ o,\ a/ \rightarrow [\breve{i}]\ /\ C'\underset{[-stress]}{\_\_\_\_}$

/e/의 약화:

강세가 없는 음절에서 모음 /e/는 짧은 전설모음 [ĭ]로 약화된다.

(26) леса [l'ĭsá] 삼림, 숲(복수) лесовод [l'ĭsăvót] 임학자
о лесе [ă·l'·é·s'ĭ] 숲에 관해 оленей [ă·l'·é·n'ĭj] 사슴들의

/a/의 약화:

모음 /a/는 강세가 없는 음절에서 약화되어 전설모음 [ĭ]로 발음된다.

(10) часы [čĭsý] 시계
часовой [čĭsăvó·j] 보초
девять [d'·é·v'ít'] 아홉
впятером [fp'ĭt'ĭróm] 다섯사람으로
пяти [p'ĭt'í] пять(다섯)의 생격
частей [čĭs't'·é·j] часть(부분)의 복수 생격
Ярославль [jĭrăslávl'] 야로슬라블(도시이름)
начали [ná·čĭl'ĭ] начать(시작하다)의 복수 과거형

그러나 일부 문법 어미에서는 약화모음 [ə]로 발음된다.

(11) туча [tú·č·ə] 먹구름
башня [bášn'·ə] 탑
время [vr'·é·m'·ə] 시간
какая [kăká·j·ə] 어떤
улыбался [ŭlÿbáls'·ə] улыбаться(미소짓다)의 남성 과거형

위 ту́ча와 кака́я의 예에서 어미 /a/는 연자음 뒤에서 [i]로 약화되어야

한다. 그러나 тýча는 [tú˙č˙ə]로, какáя는 [kăká˙j˙ə]로 발음된다. 즉, 연자음 뒤이지만 마치 경자음 뒤 모음 /a/가 약화되는 것과 같이 [ə]로 발음되는 것이다. 이것은 тýча의 기저형이 {túč-a}이고, какáя의 기저형이 {kakája}이기 때문이다. 기저형 {-a}와 {-aja}의 마지막 모음 /a/가 강세를 갖지 못하지만, '여성 주격'이라는 문법적 정보를 유지하는 것이 중요하므로 발음규칙의 적용을 받지 않고 [ə]로 발음되는 것이다. 이것은 러시아어가 음성적 발음보다 형태적 변별성을 중시하기 때문이다. 이것에 대해서는 발음규칙의 제한과 관련하여 제 10장에서 자세히 다루고자 한다.

/o/의 약화:

모음 /o/는 강세가 없는 음절에서 전설모음 [ĭ]로 약화된다.

(12) несла [n'ĭslá] нести(가지고 가다)의 여성 과거형
вынес [výn'ĭs] вынести(가지고 나가다)의 남성 과거형
везла [v'ĭzlá] везти(운반하다)의 여성 과거형
чьего [čjĭvó] чей(누구의)의 생격형
знает [zná·jĭt] знать(알다)의 3인칭 현재 단수형

위의 약화 현상을 이해하기 위해서는 형태적 기저형에 대한 설명이 필요하다. 동사 과거 여성형 несла와 везла의 남성형은 нёс와 вёз이다. 그리고 남성형에서 어간의 모음은 강세 없는 e가 아니라 강세 있는 ë(/o/)이다. 그러므로 남성형 нёс와 вёз는 각각 [n'·ós]와 [v'·os]로 발음된다. 형태적으로는 강세 있는 모음이 강세 없는 모음보다 우선시되어 동일 어형변화틀(парадигма)의 기저형으로 간주된다. 이에 따라 다른 예들에서도 기저형은 {vy-n'os-}, {čj-ovo}, {znaj-ot}으로 분석된다. 따라서 위 예들의 기저형 {-n'os-}, {-ovo}, {-ot}에서 볼 수 있는 것처럼 모음 /o/가 강세를 갖지 않을 때 연자음 뒤에서 [ĭ]로 발음되는 것이다.

그러나 일부 문법 어미에서는 역시 /o/가 [ə]로 발음된다.

(13) поле [pó·l'·ə] 들판
море [mó·r'·ə] 바다
красивое [krǎ·s'ívə·j·ə] краси́вый(아름다운)의 중성 단수
двое [dvó·j·ə] 두 사람

어미의 모음 /e/도 위의 모음 /a/에서와 같이 문법적 변별성 유지를 위한 형태적 제약에 의해 발음된다. 위의 예에서 по́ле의 기저형은 {pól'-o}이고, краси́вое의 기저형은 {kras'ív-ojo}로 분석된다. 따라서 기저형 {-o}, {-ojo}가 강세를 갖지 못하지만 '중성 주격'이라는 문법적 정보를 전달하는 것이 중요하기 때문에 발음규칙의 적용을 받지 않고 중성 기저형 어미 /o/가 약화된 발음인 [ə]로 발음되는 것이다.

5.3.3 자음 ш /š/, ж /ž/, ц /c/ 뒤에서의 모음약화

모음 음소 /i/, /e/, /o/, /a/가 ш /š/, ж /ž/, ц /c/의 뒤에 오는 경우 [ÿ]로 발음될 수 있다. 이 발음 현상을 이해하기 위해서는 이들 자음에 대한 역사적인 지식이 필요하다. 고대 러시아어에서 ш, ж, ц는 원래 연자음이었다. 그러나 13~14세기를 지나면서 이 자음들이 경자음으로 바뀌었다. 현대 러시아어에서 ш, ж, ц는 완전히 경자음이 되었지만, 아직도 음성적으로는 연자음성을 가지고 있어서 이들 자음 뒤에 오는 무강세 모음은 본래의 경자음들 뒤에서와는 다른 결과를 보여주게 되는 것이다.

(14) жакет [žÿk'·ét] 자켓
жасмин [žÿsm'ín] 자스민 차
жалеть [žÿl'·é·t'] 아쉬워하다

к сожалению [ksəžўl'·é·n'ĭj·ŭ] 유감스럽게도

пожалей [pəžўl'·é·j] пожале́ть(동정하다)의 명령법

이러한 발음이 허용되는 이유는 자음 ш /š/, ж /ž/, ц /c/가 치경음이므로 /t/, /d/, /s/, /z/와 같은 치음들보다 더 높은 위치에서 발음되고 있기 때문이다. 따라서 이 자음들 뒤에서는 저모음 [ə]보다 고모음 [y]가 발음하기 편한 것이다. 그러나 현재 이러한 발음은 구세대의 모스크바식 발음으로 간주되기도 한다.

이와 유사한 현상으로서 ло́щадь(말)의 발음을 예로 들 수 있다. 즉, 복수 주격을 제외한 ло́щадь의 복수형에서 강세 음절 앞의 모음 /a/가 모두 후설 고모음 [ў]로 발음된다.

(15)

	단수	복수
주 격	лошадь [lóšўt']	лошади [lóšўdĭ]
생 격	лошади [lóšўd'ĭ]	лошаде́й [ləšўd'·é·j]
여 격	лошади [lóšўd'ĭ]	лошадя́м [ləšўd'·ám]
대 격	лошадь [lóšўt']	лошаде́й [ləšўd'·é·j]
조 격	лошадью [lóšўd'j·ŭ]	лошадя́ми [ləšўd'·á·m'ĭ]
전치격	(о) лошади [lóšўd'ĭ]	(о) лошадя́х [ləšўd'·áx]

또한 이러한 모음들은 그 밖의 위치 즉, 강세 아래 또는 강세 음절 바로 앞이 아닌 다른 위치에서 [ў] 외에 [ɔ]로도 발음될 수 있다. 이것은 일종의 임의변이 현상이다.

(16) хорошая [xăróšўj·ə] 또는 [xăróšə·j·ə]

(хороший의 여성 단수형)

двадцать [dváccўt'] 또는 [dváccə·t'] 20

그러나 현대적 관점에서는 모음 /a/가 강세 음절 앞에서 경자음 [š], [ž], [c]와 한 음절을 이룰 때 짧은 [ă]로 발음되는 것이 관습적이다.

(17) /a/ → [ă] / [š]___CV
[+stress]

(18) жара [žărá] 무더위　　　жаркое [žărkó·j·ə] 뜨거운 것
шагать [šăgá·t’] 걷다　　　шаги [šă·g’í] 걸음걸이
жакет [žă·k’·ét] 자켓　　　шалун [šălún] 개구쟁이
шампанское [šămpánskə·j·ə] 샴페인

모음 철자 e가 경자음 [š], [ž], [c] 뒤에서 무강세 음절에 위치하는 경우, 강세 모음 바로 앞에서는 [ў]로, 그 밖의 위치에서는 [ə]로 발음된다.

(19) жена [žўná] 아내
в цехах [fcўxáx] 전문공장에서
шесты [šўstý] 장대들
цена [cўná] 가격
цеховой [cўxăvó·j] 전문공장의
меньше [m’·é·n’šə] 더 작은
шевелить [šə·v’ĭl’ít’] 살짝 움직이다
в этом месяце [v’·étəm m’·é·s’ĭcə] 이번 달에
вшестером [fšə·s’t’ĭróm] 여섯 사람이
желтоватый [žəltăvátўj] 누르스름한
может [móžət] мочь(할 수 있다)의 3인칭 현재 단수형
пишет [p’íšət] писать(쓰다)의 3인칭 현재 단수형

위의 예 중 мóжет[móžət]과 пи́шет[p'íšət]에서 어미의 발음이 [ət]가 되는 것은 동사 3인칭 단수형 어미의 기저형이 {-ot}이기 때문이다. 이것도 문법 정보의 전달이 발음규칙보다 더 중요하기 때문에 나타나는 현상이다. 이처럼 일부 단어에서는 어미를 [ə]로 발음하는 것이 일반적인 경우들이 있다.

(20) полотенце [pəlă·t'·éncə] 수건　　наше [nášə] 우리의
хуже [xúžə] 더 나쁜　　тоже [tóžə] 또한
даже [dážə] 심지어　　также [tágžə] 또한

중성 어미를 갖는 полотенце나 наше와 같은 명사나 대명사, 그리고 тоже와 같은 부사에서는 어미가 [ə]로 발음된다. 이것은 이 어미들의 심층형이 {-o}이기 때문이다. 어미에 강세를 가진 хорошó는 중성 어미와 부사 어미가 {-o}라는 것을 보여준다. 위 예에서 모음 e가 [ə]로 발음되는 것은 이러한 문법적 관련성 때문이다.

모음 철자 и는 경자음 ш[š], ж[ž], ц[c] 뒤에서 강세와 상관없이 항상 이음 [ý] 또는 [y̆]로 발음된다.

(21) тишина [t'ĭšy̆ná] 정적　　шило [šýlə] 송곳

5.4 모음의 탈락

어휘 안에 {-oro-}, {-ara-}, {-olo-}처럼 모음 + 유음(l, r) + 모음으로 구성된 음절 구조를 가지고 있는 경우 모음이 약화되는 것이 아니라 탈락되어 발음되는 경우가 있다. 이때 유음 [l]과 [r]은 성절음(слоговой, a syllabic)이 되어 모음의 기능을 대신하게 된다. 성절음이란 자음이지만 모음의 역할을 할 수 있는 소리를 가리킨다. 예를 들어, 체코어나 세르보-크로아티아어의 krv '피'라는 단어에서 자음 /r/은 모음 역할을 하는 성절음이다. 성절음의 경우 자음 아래에 방점을 찍어 [r̥], [l̥]과 같이 나타낸다. 위의 krv는 발음기호로 표기하면 [kr̥v]가 된다.

(22) барабан [bərăbán] → [brăbán] 북
  города [gərădá] → [grădá] 도시
  молодой [məlădó·j] → [mlădó·j] 젊은
  колокол [kóləkəl] → [kólkəl] → [kólkl̥] 종

이러한 현상은 유음뿐만 아니라 공명도(сонорность, sonority)가 높은 비음 /m/, /n/에서도 일어난다.

(23) умереть [ŭm'ĭr'·é·t'] → [ŭmr'·é·t'] 죽다
  на берегу [nə·b'ĭr'ĭgú] → [nəbr'ĭgú] → [n̥br'ĭgú] 기슭에서
  на берег [ná·b'ĭr'ĭk] → [nábr'ĭk] 기슭으로

현대 러시아어에서 {-oro-}, {-ara-}, {-olo-}는 동 슬라브어의 특징적인 형태로서 서 슬라브어나 남 슬라브어 형태와 비교해 볼 수 있다.

(24)

러시아어	폴란드어	불가리아어
молоко	mleko	мляко
город	grod [grut]	град
барабан	bęben [bemben]	барабан

공통 슬라브어에서 -or-, -ol- 등의 음절 구조를 가지고 있는 어휘는

동, 서, 남 슬라브어에서 각각 다른 양상으로 변화되었다. 즉, 동 슬라브어에서는 유음의 뒤쪽에 동일한 모음이 추가되는 충음화(полногласие, pleophony) 현상이 나타났고, 서 슬라브에서는 모음과 유음의 위치가 바뀌는 음위 치환(метатеза, metathesis)가 발생했다. 그리고, 남 슬라브어에서는 음위 치환과 함께 모음의 장음화가 일어난 것이다. 따라서, 공통 슬라브어 *gordъ는 러시아어의 город, 폴란드어의 grod, 불가리아어의 град로 계승되었다.

동 슬라브어 시기의 러시아어 형태는 음절이 모음으로 끝나는 열린 음절 구조 원칙이 확립되면서 나타난 구조이다. 이것은 모음의 역할이 자음보다 커진 것과 연관이 있다. 그러나 현대 러시아어에서는 모음의 역할이 감소되어 의미적 전달 기능을 자음에 내주고 있다. 따라서 모음을 유지하여 음절 수를 늘게 할 필요가 없는 것이다. 이런 경향 때문에 현대 러시아어에서 모음 음소 수는 감소되고 있다. {-oro-}, {-ara-}, {-olo-}의 구조에서 모음이 발음되지 않는 것은 바로 이러한 경향 때문이다.

5.5 유추에 의한 이음

러시아어 동사 가운데 запрячь '말을 마차에 매다'의 발음에는 특별히 주의를 기울여야 한다.

(25) запрячь [zăpr'·é·č] (미정형)
запрягу [zəpr'ĭgú] (단수 현재 1인칭형)
запряг [zăpr'·ók] (남성 과거형)
запрягла [zəpr'ĭglá] (여성 과거형)

이 발음들 가운데 미정형 [zăpr'·é·č]와 남성 과거형 [zăpr'·ók]은 예외적인 발음이다. 이것은 기저형이 {p'ek+t'}인 печь '(음식을) 구워서 만들다'로부터 유추(аналогия)된 발음이다. запря́чь라는 단어는 마굿간에서 주로 쓰이던 단어이고 печь는 부엌에서 주로 쓰이던 단어이다. 이 단어를 거의 독점적으로 사용하던 사람들은 마부와 하녀이다. 그들은 글을 배운 사람들이 아니고 귀로 들으면서 말을 배운 계층이다. 그들에게 단어의 강세가 있는 뒷 부분 -я́чь와 -е́чь는 같은 어원인 것처럼 인지된 것이다. 그들에게 이 두 단어의 발음이 달라야 하는 이유가 없었기 때문이다.

(26) печь [p'·é·č] 미정형 — пёк [p'·ók] 남성 과거형
запрячь [zăpr'·é·č] 미정형 — запряг [zăpr'·ók] 남성 과거형

과제

1. 러시아어는 지역에 따른 방언 차이가 심하지 않은 언어이다. 그러나 일부 북부 지방 사람들은 окно́를 [ŏknó]로 발음하기도 한다. 이러한 발음을 일컫는 용어를 말해 보시오. 그리고 모음과 관련된 방언 현상을 조사해 보시오.

2. 다음은 러시아어 모음 약화를 보여주는 단어들이다. 모음의 발음에 유의하여 단어들을 읽어보시오.

доска́	коза́	плоды́	голо́вка
гото́в	носи́	позо́р	у́гол
говори́т	стоя́ть	цветы́	геро́й
стена́	меня́	тетра́дь	нельзя́
века́	дела́	берега́	че́тверо
пяти́	сентября́	взяла́	янва́рь
язы́к	ядро́	яйцо́	ячме́нь
Яросла́вль			

3. 문법 어미에서 나타나는 강세 없는 모음들의 발음에 유의하여 다음 단어들을 읽어보시오.

с ви́тязем	под зда́нием	воскресе́нье
сказу́емое	дя́дя	неде́ля
симфо́ния	люби́тельская	над дере́вьями

4. 항상 경자음으로 분류되는 자음 ш, ж, ц와 연자음으로 분류되는 ч,

ш 뒤에 오는 모음들의 발음에 주의하여 다음의 단어들을 읽어보시오.

[ў]:	шесто́й	шести́	шепта́ть
	жена́	желе́зо	пожела́ть
	желте́ть	жева́ть	инжене́р
[ə]:	шевели́ть	шелесте́ть	шелкови́стый
	шелохну́ться	желтизна́	железня́к
	бо́льше	ти́ше	пи́шет
	мо́жет	та́кже	

제 6 장

자음 발음 현상

주요개념

- 자음동화(ассимиляция согласных)
- 역행동화(регрессивная ассимиляция)
- 유-무성 동화(ассимиляция звонких-глухих согласных)
- 경자음 동화(ассимиляция по твёрдости)
- 연자음 동화(ассимиляция по мягкости)
- 묵음(немые согласные)

6.1 러시아어 자음과 동화

자음이 2개 이상 결합되어 있을 때에는 발음을 쉽게 하기 위해 자음들이 가진 자질들을 통일시키려는 경향이 있다. 러시아어에서는 이러한 현상을 자음동화(ассимиляция согласных, consonantal assimilation)라고 한다. 러시아어의 자음동화는 비교적 단순하여 장애음이 연속으로 올 때 유성자음과 무성자음을 통일시키거나 경자음과 연자음을 통일시키는 것, 그리고 조음 방법과 장소에 관해 통일시키려는 3가지가 전부이다.

자음의 발음을 일치시키고자 하는 동기는 마르티네(Martinet)가 지적한 언어 활동에서의 경제적 원칙이다. 조음 과정에서 앞뒤로 연결된 자음들의 자질이 동질화되면 그만큼 노력이 덜 요구되기 때문이다. 자음동화가 일어나는 방향은 앞 자음에 따라 뒷 자음이 동화되는 순행동화(прогрессивная ассимиляция, progressive assimilation), 뒷 자음에 따라 앞 자음이 동화되는 역행동화(регрессивная ассимиляция, regressive assimilation), 앞 자음과 뒷 자음이 서로 영향을 미쳐 둘 다 바뀌는 상호동화(взаимная ассимиляция, reciprocal assimilation)가 있다. 러시아어에서는 대부분의 동화가 역행으로 진행된다. 그리고 예외적으로 상호

동화를 하는 경우가 일부 나타난다.

자음동화를 이해하기 위해서는 러시아어 자음의 음성적 특성을 다시 한 번 살펴볼 필요가 있다. 러시아어 자음은 기본적으로 성대의 울림 여부에 따라 유성자음과 무성자음으로 구분되며, 조음시 혓등이 입천장 쪽으로 상승하는가의 여부에 따라 경자음과 연자음으로 구분된다.

그러나 다른 한편으로 러시아어에는 대응 연자음이 존재하지 않는 자음 **ж, ш, ц**와 대응 경자음이 없는 자음 **ч, щ**가 있다. 또한 음소가 아니기 때문에 대응되는 철자를 가지지 못하고 발음상으로만 존재하는 소리도 있다. 그것은 [ʒ]와 [ǯ] 그리고 [ɣ]이다. 발음 [ʒ]는 무성자음 [c](ц)의 유성사음 짝이나. 이 소리는 무성자음 [c](ц)가 유싱자음 잎에 오는 경우 동화되어 나타나는 소리이다. 따라서 отец бы와 같은 어구는 [ă·t'·éʒbÿ]로 발음된다. 또한 발음 [ǯ]는 자음 [č](ч)의 유성자음 짝이며 дочь даст [dó·ǯdást]의 발음에서처럼 유성자음 /d/ 앞에서 동화되어 나타나는 소리이다. 그리고 [x]의 유성자음 짝 [ɣ]는 их дом [ĭɣdóm]의 경우에서처럼 유성자음 앞에서 발음된다.

러시아어 자음 중 자음 [v]의 특성에도 주의해야 한다. 이 소리는 뒤에 따라오는 소리에 의해 장애음이 되기도 하고 공명음이 되기도 한다는 점에서 러시아어 음운 체계에서 특이한 위치를 차지한다. 기본적으로 이 자음은 마찰음으로서 장애음에 속한다. 그리고 장애음은 유성자음과 무성자음 동화 규칙을 따라야 한다. 그런데 뒤에 공명음이 따라 오면 이 자음 [v]는 공명음처럼 작용한다. 공명음이란 발음할 때 공명도가 높은 소리를 말하는데 여기에는 자음 [m], [n], [r], [l]뿐만 아니라 모음도 포함된다. 이러한 공명음은 항상 유성자음으로서 동화현상을 일으키지 않는다. 따라서 뒤에 모음이나 자음 [m], [n], [r], [l]과 같은 공명음이 따라오면 자음 [v]도 공명음이 되어 동화현상의 예외가 된다.

러시아어 자음의 이러한 특성에 의해 러시아어 자음의 발음 현상은 유-무성자음 동화, 경-연자음 동화, 그리고 조음 위치와 방법에 의한 동화로 구분된다.

음운 규칙을 표기하기 위해서는 각 분절음의 고유한 자질을 사용하는 것이 일반적이다. 러시아어의 음운 규칙을 표기하기 위한 주요 자질은 다음과 같다.

〈표 10〉 러시아어 자음의 주요 자질

	p	p'	b	b'	t	t'	d	d'	k	k'	g	g'
obstruent (장애)	+	+	+	+	+	+	+	+	+	+	+	+
voiced (유성)	-	-	+	+	-	-	+	+	-	-	+	+
sonorant (공명)	-	-	-	-	-	-	-	-	-	-	-	-
continuant (지속)	-	-	-	-	-	-	-	-	-	-	-	-
dental (치음)	-	-	-	-	+	+	+	+	-	-	-	-
back (후설)	-	-	-	-	-	-	-	-	+	+	+	+
palatal (구개음)	-	+	-	+	-	+	-	+	-	+	+	+

	c	ʒ	č	ǯ	f	f'	v	v'	s	s'	z	z'	š	š'	ž	ž'
obstruent	+	+	+	+	+	+	+	+	+	+	+	+	+	+	+	+
voiced	-	+	-	+	-	-	+	+	-	-	+	+	-	-	+	+
sonorant	-	-	-	-	-	-	-	-	-	-	-	-	-	-	-	-
continuant	-	-	-	-	+	+	+	+	+	+	+	+	+	+	+	+
dental	-	-	-	-	-	-	-	-	+	+	+	+	-	-	-	-
back	-	-	-	-	-	-	-	-	-	-	-	-	-	-	-	-
palatal	-	-	+	+	-	+	-	+	-	+	-	+	-	+	-	+

	x	x'	ɣ	m	m'	n	n'	l	l'	r	r'	j
obstruent	+	+	+	-	-	-	-	-	-	-	-	-
voiced	-	-	+	+	+	+	+	+	+	+	+	+
sonorant	-	-	-	+	+	+	+	+	+	+	+	+
continuant	+	+	+	-	-	-	-	+	+	+	+	+
dental	-	-	-	-	-	+	+	+	+	-	-	-
back	+	+	+	-	-	-	-	-	-	-	-	-
palatal	-	+	-	-	_	-	+	-	+	-	+	+

6.2 유-무성자음 동화

원칙 1: 낱말 끝에서는 짝이 있는 유성자음이 발음될 수 없다.

낱말 끝에 무성자음 짝이 있는 유성자음이 오면 그 자음은 예외 없이 무성자음이 된다.

[+voiced] → [-voiced] / ______ #
[+obstruent]

#: 낱말 경계를 의미한다.

(1) город [górət] 도시　　съезд [s'j·ést] 대회
отсев [ă·t's'·éf] 체로 치기　　любовь [l'·ŭbó·f'] 사랑
юг [j·úk] 남쪽　　пирог [p'ĭrók] 파이
нож [nóš] 칼　　мороз [mărós] 영하

원칙 2: 장애음 무리에서는 마지막 자음이 자질을 결정한다.

장애음이 두 개 이상 겹치는 자음 무리에서는 마지막 자음에 의한 역행 동화가 일어난다. 따라서 마지막 자음이 유성자음이면 그 자음 무리는 모두 유성자음이 되고, 마지막 자음이 무성자음이면 그 자음 무리는 모두 무성자음이 된다.

[+obstruent] → [αvoiced] / ______ [αvoiced]

α : +/ -를 의미한다. 즉, [+voiced]는 유성음이고, [-voiced]는 무성음이다.

예를 들어 이것을 도해해 보면 다음과 같은 동화 과정이 일어나는 것을 알 수 있다.

от +зыв [t] ↓ [d] ――― [ódzўf]	무성자음 [t]→유성자음 [d] / _____ 유성자음 [z]

(2) отзыв [ódzўf] 비평 просьба [pró·z'bə] 청원
вокзал [văgzál] 역 также [tágžə] 또한
футбол [fŭdból] 축구 пятьдесят [p'ĭd'd'ĭs'·át] 50
сбор [zbor] 수집 дядька [d'·á·t'kə] 아저씨
подход [pătxót] 접근 вскоре [fskó·r'ĭ] 곧
вчера [fčĭrá] 어제 сказка [skáskə] 이야기
ложка [lóškə] 숟가락 автобус [ăftóbŭs] 버스

원칙 3: 공명음 앞에서는 유-무성 자음 동화가 일어나지 않는다.

유-무성 동화는 공명음 앞에서는 발생하지 않는다. 공명음은 무성자음 짝이 없으므로 동화를 겪지도, 야기하지도 않는다.

[αvoiced] → <αvoiced> / ________ [+sonorant]

(3) под нас [pădnás] 우리 밑으로
от нас [ătnás] 우리로부터

восьми [vă·s’m’ĭ] 8의 생격
возьми [vă·z’m’ĭ] взять(가져가다)의 명령법
пью [p’j·ú] пить(마시다)의 단수 1인칭 현재형
бью [b’j·ú] бить(때리다)의 단수 1인칭 현재형

위 예들에서 자음 [j], [n], [m]은 공명음들이다. 공명음은 모음과 같이 그 앞에 유성음과 무성음을 모두 허용한다.

원칙 4: 자음 [v]는 뒤따라오는 소리의 공명도 자질을 닮는다.

장애음과 공명음의 이중적 특성을 가진 마찰음 [v]와 [v’]는 기본적으로 장애음이다. 그러므로 이 자음 뒤에 장애음이 오게 되면 장애음 무리에서의 자음동화를 겪게 된다. 그러나 뒤에 모음이나 공명음이 따라오는 경우 이 자음은 공명음의 자질을 갖게 된다. 그리고 이렇게 공명음이 된 자음 [v]와 [v’] 앞에서는 자음동화가 일어나지 않는다. 따라서 유성자음과 무성자음이 모두 올 수 있다.

(4) двоих [dvă·jíx] двое의 생·전치격
твоих [tvă·jíx] твой의 생·전치격

без врача [b’ĭzvră·č·á] 의사 없이
о врача [ovră·č·á] 의사로부터

звезда [z’v’ĭzdá] 별
светло [s’v’·étlə] 밝게

Тверь [tv’·é·r’] 트베리(도시이름)

дверь [dv'·é·r'] 문

반면 장애음 무리 가운데 마찰음 [v]와 [v']가 끼어 있는 경우, 이 [v]와 [v']는 장애음으로 바뀌어 그 뒤에 따라오는 자음의 영향 아래 동화 작용을 일으키고 그것을 앞 자음에 전달한다.

[+obstruent] → <αvoiced> / ____ /v/ [αvoiced]

위와 같이 장애음 사이에 자음 в가 있는 경우에는 마지막 자음이 유성음인가 또는 무성음인가에 따라 앞의 자음 무리 C<v>의 자질이 결정된다. 즉 뒤의 자음이 유성음이면 자음 무리 C<v>가 모두 유성음이 되고, 뒷자음이 무성음이면 자음 무리 C<v>가 모두 무성음이 된다.

(5) от вдовы [ădvdăvý] 미망인으로부터
с вдовой [zvdăvó·j] 미망인과 함께
из вторых рук [ĭsftărýx rúk] 간접적으로

현대 러시아어에서는 어말이나 무성자음 앞에 나타나는 [f]만이 순수하게 러시아어적인 소리이다. 즉, 원래 슬라브어에는 이-입술소리 무성 마찰음은 존재하지 않았다. 따라서 그리스어 φ를 차용하게 되는 경우 슬라브어는 그와 유사한 소리인 입술소리 p나 연구개 마찰음과 이-입술소리 마찰음의 결합인 xv, 연구개 마찰음 x를 사용하였다. 그 후 유성자음 v의 어말 무성음화의 결과 무성자음 [f]가 나타나는 빈도가 증가하게 되었다. 그리고 점차 이 소리는 유성음 /v/의 대응 무성음의 자리를 차지하게 되었다. 그 결과 어말이나 무성자음 앞 위치에서 [f]가 [v]와 상보적 분포의 관계에 있게 되었다.

(6) второй [ftăró·j] 두 번째의

вздох [vzdóx] 심호흡

любовь [l'ŭ·bó·f'] 사랑

любви [l'·ŭbv'í] 사랑의

그 밖의 위치에 나타나는 [f]는 외래어 차용음이다. [f]에 대한 철자는 러시아어에서 본래부터 있었던 것이 아니라 차용어의 증대로 인해 나중에 생긴 것이다. 이탈리아어로부터 차용된 단어인 salvetta '냅킨'의 러시아어화가 이것을 잘 보여준다. 불완전한 음소였던 /f/가 독립적인 음소의 지위를 획득하게 되면서 동화 현상의 영향을 받지 않는 철자 ф가 자리잡게 되었다.

(7) salvetta → салфéтка

원칙 5: 폐쇄 연구개음이 연속해서 올 수 없다.

[-continuant] [+back]	→	[+continuant]	/	________	[-continuent] [+back]

러시아어의 자음 결합에 대한 원칙 중 하나는 연구개(여린입천장) 폐쇄음이 연속해서 올 수 없다는 것이다. 폐쇄음이 갖는 주요 음성 자질 중 하나는 비지속성([-continuant])이다. [비지속성]이란 조음시 성도가 폐쇄되거나 열리는 것으로, 폐쇄음을 발음할 때에는 성도가 폐쇄되었다가 바로 열리게 된다. 러시아어에서는 이러한 [비지속성]의 자질을 가진 동일한 연구개 장애음이 나란히 올 때 앞 자음은 [지속성]의 특성을 가진 자음으로 바뀐다.

따라서 [비지속성]의 자질을 가진 연구개 폐쇄음인 [g]와 [k]가 나란히 올 때 이들 사이에서는 동화작용이 일어나 앞의 [g]는 무성자음이 된다. 유성자음인 연구개 폐쇄음 [g]의 대응 자음은 무성자음 [k]이다. 그러나 유성자음 [g]는 무성자음 [k]가 아니라 [x]로 바뀐다. 그 이유는 [비지속성]의 연구개 폐쇄음이 겹쳐 올 수 없기 때문이다. 러시아어는 [kk]와 같은 폐쇄 복자음을 허용하지 않는다. 대신 같은 연구개음 중 [지속성] 자질을 가진 무성자음 [x]가 그 대안으로 선택되는 것이다. 자음 [x]와 [k]는 [지속성]이라는 자질을 제외하고는 위치에 관한 자질이 일치하는 소리이다.

[g]	→	[x]	/ ______ [k]
[−continuant]		[+continuant]	[−continuant]

(8) мягко [m’·áxkə] 부드럽게 легко [l’ĭxkó] 가볍게

원칙 6: 동화는 어휘 경계를 넘어 선형소를 최대 범주로 한다.

유-무성 자음의 동화 현상은 한 단어 내에서만 일어나는 것이 아니다. 이 현상이 일어나는 범위는 단어 경계를 뛰어넘어 강세 하나가 지배할 수 있는 최대 선형소(синтагма)이다. 보통 독립적인 강세를 갖지 못하는 전치사나 소사 등은 앞, 뒤의 명사나 대명사, 형용사들과 한 단위로 간주된다. 이것은 к жене [gžўn’·é], отец бы [ă·t’·éʒbў]와 같은 예들에서 잘 나타난다.

(9) с билетом [z’b’ĭl’·étəm] 표를 가지고
мяч же [m’·á·ǯžə] 공조차
в субботу [fsŭbótŭ] 토요일에

또한 서로 독립적인 단어들이라 하더라도 빨리 말할 때는 "한 숨" 안에 발음되어 하나의 선형소처럼 결합된다. 이때 단어 경계에서는 유-무성 동화 작용을 위한 환경이 만들어질 수 있다.

(10) отец болел [ă·t'·éʒbă·l'·él] 아버지가 편찮으셨다
дочь была [dó·ǯbўlá] 딸이었다
как дела [kágd'ĭlá] 어떻게 지내세요?
как вас зовут [kákvázzăvút] 이름이 무엇입니까?

그러나 한 마디씩 또박또박 말하는 경우라면 다음과 같이 단어 경계에서 동화 작용이 일어나지 않을 수 있다.

(11) как вас зовут [kák] [vás] [zăvút]

유-무성 자음 동화가 장애음 무리에서는 제한 없이 일어나는 데 비해, 공명음 무리에서 제한을 받는 것은 공명음의 공명도(sonority) 때문이다. 공명도가 제일 높은 소리는 모음이다. 그리고 자음들 중에서는 전이음(j), 유음(l, r), 비음(m, n)이 공명성을 가진 공명음으로 분류된다. 공명이 일어나지 않는 장애음인 마찰음과 폐쇄음에 비해 공명음들은 자음적 자질보다 모음적 자질이 강하다. 따라서 모음 앞에서처럼 공명음들의 앞에서도 유-무성 자음이 모두 올 수 있다.

이 유-무성 자음 동화가 엄격하게 적용되지 못하는 경우로는 약어(сокращённое слово)를 들 수 있다. 약어들은 그 형성의 특수한 과정 때문에 이 규칙의 예외로 간주된다.

(12) партбилет [pártb'ĭl'·ét] 당원증

совхоз [săfxóz] 국영농장

6.3 경-연자음 동화

경-연자음 동화는 경자음과 연자음이 나란히 있을 때, 앞의 자음이 뒤의 자음을 닮으려는 발음 현상이다. 이것은 유-무성 자음동화와 마찬가지로 역행동화이다. 그리고 이 동화 현상에는 경자음 동화와 연자음 동화의 두 가지가 있는데, 경자음 동화를 일으키는 자음 무리는 그렇게 많지 않다.

연자음 동화(ассимиляция по мягкости)란 나란히 있는 자음 무리 가운데 마지막 자음이 연자음으로 발음되면 그 앞에 있는 다른 자음들도 모두 연자음으로 소리나는 현상을 말한다. 예를 들어, листва라는 단어에서 -ств-는 모두 경자음들이다. 그러나 이것이 전치격으로 в листве라는 어구를 형성하면 연자음 무리로 바뀐다. 그 과정을 그림으로 나타내면 다음과 같다.

листвá [l'ĭstvá]: в листвé [vl'ĭs't'v'·é]

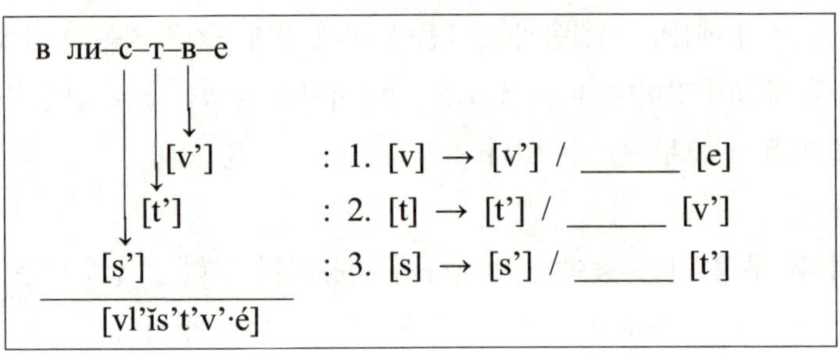

그러나 이러한 연자음 동화가 모든 자음 무리에서 다 일어나는 것은 아니다. 이 현상은 자음의 자질에 따라서 발생 빈도가 다르게 나타난다.

예를 들어, 접두사와 어근과 같은 형태소 경계에서는 자음동화가 제한된다.

연자음 동화가 가장 잘 일어나는 소리는 치음(잇소리)들이다. 반면에 연구개음(여린입천장 소리) [k], [g], [x]나 양순음(두입술소리) [b], [p], [m]에서는 비교적 덜 일어난다. 위 그림의 예에서도 연자음 [l'] 앞에서 전치사의 순치음(이-입술소리) [v]는 경자음 그대로 남아 있다. 특히 설전음(떨음소리) [r]은 연자음 동화에 대하여 가장 저항적이다. 또한 발음하는 사람의 연령이나 교육 정도, 나이 등과 같은 사회적 변수에 의해서도 연자음 동화의 발생 여부는 다르게 나타난다. 이와 같이 연자음 동화의 발생에는 여러 가지 변수들이 많기 때문에 확고한 규칙을 설정하기가 어렵다. 따라서 연자음 동화 규칙에서는 많은 예외들을 인정해야 한다.

6.3.1 전이음 [j] 앞에서의 연자음화

원칙 7: 전이음 [j] 앞에서는 경자음이 나타나지 않는다.

[-palatal] → [+palatal] / ______ [j]

(13) семья [s'ĭm'j·á] 가족
судья [sŭ·d'j·á] 판사
пью [p'j u] пить(마시다)의 단수 1인칭 현재형
лью [l'j u] лить(쏟다)의 단수 1인칭 현재형
муравья [mŭră·v'j·á] муравéй(개미)의 생격형
сыновья [sўnă·v'j·á] сын(아들)의 복수형
вью [v'j·u] вить(비틀다)의 단수 1인칭 현재형
колосья [kăló·s'j·ə] кóлос(이삭)의 복수형

이와 같이 전이음 [j] 앞에서는 연자음이 되는 것이 일반적이다. 그러나 접두사와 어근 사이에 분절 기호 ъ가 있는 경우와 전치사와 명사가 한 어구를 형성하는 경우에는 경자음 발음이 허용될 수 있다. 이러한 것은 임의변이 현상으로 관용적으로 허용될 수 있는 발음들이다. 다음은 접두사와 어근 사이에 분리 기호 ъ가 있는 경우의 개별적인 발음 원칙들이다.

6.3.1.1. **접두사가 분절 기호 ъ에 의해 연결된 경우**:

1) 접두사가 마찰음으로 끝나는 경우 연자음으로 발음된다.

a) 비음절적 접두사(приставка, не образующая слога) с-:

(14) съел [s'j·él] съесть(다 먹다)의 남성 과거형
съёмка [s'j·ómkə] 촬영

이 접두사 с-는 연자음 [j] 앞에서 연자음으로 발음된다. 그러나 임의변이로서 [s-j·él], [s-j·ómkə]도 가능하다.

b) 비음절적 접두사 в-:
마찰 순치음 [v]는 항상 연자음으로 발음된다.

(15) въезд [v'j·ést] 입구
въезжать [v'jĭž'ž'·á·t'] (타고) 들어가다
въедаться [v'jĭdáccə] 부식되다

c) 접두사 из-:
마찰 치음 [z]는 항상 연자음으로 발음된다.

(16) изъять [ĭz'j·á·t'] 삭제하다

изъездить [ĭz'j·é·z'd'ĭt'] 타고 다녀 망가뜨리다

d) 접두사 раз-:

(17) разъяснить [rə·z'jĭs'n'ít'] 설명하다

разъехались [rǎ·z'j·éxə·l'ĭs'] разъехаться(흩어지다)의 복수 과거형

접두사 раз-의 [z]는 연자음으로 발음되어야 하나, [rǎz-j·éxə·l'ĭs'], [rəz-jĭs'n'ít']처럼 임의변이적 발음도 허용된다.

2) 접두사가 치음이나 순음 파열음으로 끝나는 경우 항상 경자음으로 발음된다.

접두사 от-, под-, над-, об-에서 치음 [t], [d]와 양순음 [b]는 항상 경자음으로 발음된다.

(18) объём [ǎb-j·óm] 용량 объедаться [ǎb-jĭdáccə] 과식하다

объект [ǎb-j·ékt] 객체 субъект [sŭb-j·ékt] 주체

отъехал [ǎt-j·éxəl] отъехать(피하다)의 남성 과거형

подъел [pǎd-j·él] подъесть (남김없이 먹다)의 남성 과거형

надъем [nád-j·ém] надъесть(일부를 먹다)의 단수 1인칭형

6.3.1.2. **자음으로 끝나는 전치사와 [j]로 시작되는 명사가 만나는 경우:**

전치사의 마지막 자음을 연자음으로 발음할 수 있으나, 경자음으로 발음하는 경우도 자주 있다.

a) 비음절적 전치사 c :

(19) с юга [s'j·úgə] 남쪽으로부터
с якоря [s'j·ákə·r'·ə] 닻으로부터

그러나 임의변이적 발음으로 [s-j·úgə], [s-j·ákə·r'·ə]와 같은 경자음 발음도 허용된다.

b) 전치사 из와 без :

(20) из ямы [ĭz'j·ámў] 구멍으로부터
из ясеня [ĭz'j·á·s'ĭn'·ə] 물푸레나무로부터
без юмора [b'ĭz'j·úmərə] 유머 없이

전치사 из와 без의 경우, [ĭz-j·ámў], [ĭz-j·á·s'ĭn'·ə], [b'ĭz-j·úmərə]처럼 경자음 [z]를 가진 발음은 문어체(книжный стиль речи)로 간주된다.

c) 전치사 через :

(21) через яму [čĭr'ĭz'j·ámŭ] 구멍을 통해
через юмор [čĭr'ĭz'j·úmər] 유머를 통해

전치사 через의 경우 전치사와 명사를 구분하여 [čĭr'ĭz-j·ámŭ]와 [čĭr'ĭz-j·úmər]처럼 형태소 경계에서 연자음 동화를 일으키지 않을 수도 있다. 이러한 경우 뒤에 오는 명사와 "한 숨" 안에 하나의 선형소로 발음될 때 전치사 끝의 з는 무성음화되지 않는다.

그러나 전치사 через가 약강세를 갖는 경우, 전치사와 명사는 확실히

구분되어 전치사 끝의 з가 무성 경자음 [s]로 발음된다.

(22) через яму [č·è·r’ĭs-j·ámŭ]

через южный берег [č·è·r’ĭs-j·úžnўj b’·é·r’ĭk] 남쪽 해안을 지나

d) 전치사 от, под, над, перед, об :

전치사 끝의 자음들이 치음과 양순 파열음인 경우에는 연자음화가 발생하지 않고 경자음으로 발음된다.

(23) от ёлки [ăt-j·ólk’ĭ] 전나무로부터

от юмора [ăt-j·úmərə] 유머 때문에

под ёлкой [păd-j·ólkə·j] 전나무 아래에서

над ямой [năd-j·ámə·j] 구멍 위에

перед ямой [p’ĭr’ĭd-j·ámə·j] 구멍 앞에

об ёлке [ăb-j·ólk’ĭ] 전나무에 관하여

6.3.2 치음(잇소리) 무리에서의 연자음화

치음들은 다른 치음 연자음 앞에서 모두 연자음으로 발음된다.

[+dental]	→	[+palatal]	/	______	[dental]
[-palatal]					[+palatal]

이 동화 현상은 동일 형태소(어근이나 접미사) 내에서는 항상 일어난

다. 그리고 어근과 접미사가 이어지는 부분에서 두 자음이 만날 때에도 연자음 동화가 항상 일어난다. 그러나 접두사와 어근 또는 전치사와 명사가 만나는 부분에서는 일관성있게 일어나지 않는다.

원칙 8: 접두사와 어근, 또는 전치사와 명사 사이에서는 동화가 일어나지 않을 수 있다.

치음 무리에서의 연자음화에 관해서 다음과 같은 예들을 들 수 있다.

(24) 1. [s’t’] : стена [s’t’ĭná] 벽
растёт [rǎ·s’t’·ót] расти́(성장하다)의 3인칭 단수 현재형
2. [z’d’] : везде [v’ĭz’d’·é] 어디든
здесь [z’d’·é·s’] 여기
3. [s’n’] : басня [bá·s’n’·ə] 우화
снег [s’n’·ék] 눈
4. [z’n’] : казнить [kǎ·z’n’ít’] 사형에 처하다
разнёс [rǎ·z’n’·ós] разнести́(배포하다)의 남성 과거형
5. [s’l’] : след [s’l’·ét] 흔적
слюни [s’l’·ú·n’ĭ] 침
6. [z’l’] : злить [z’l’ít’] 화나게 하다
козлик [kó·z’l’ĭk] 숫염소
7. [s’s’] : иссякнуть [ĭs’s’·áknŭ·t’] 마르다
бессильный [b’ĭs’s’íl’nўj] 무력한
8. [z’z’] : раззява [rǎ·z’z’·ávə] 얼간이
беззeмельный [b’ĭz’z’ĭm’·é·l’nўj] 땅이 없는

9. [t’t’] : подтирать [pə·t’t’ĭrá·t’] 닦다
оттеснить [ă·t’t’ĭs’n’ít’] 밀어내다
10. [d’d’] :отделать [ă·d’d’·élə·t’] 마무리하다
поддержать [pə·d’d’ĭržá·t’] 지지하다
11. [t’n’] :поросятник [pəră·s’·á·t’n’ĭk] 돼지우리
пятница [p’·á·t’n’ĭcə] 금요일
12. [d’n’] :проводник [prəvă·d’n’ík] 안내자
дневник [d’n’ĭvn’ík] 일기
13. [t’l’] : петли [p’·é·t’l’ĭ] 올가미
тлеть [t’l’·é·t’] 썩다
14. [d’l’] :медленно [m’·é·d’l’ĭnnə] 천천히
длина [d’l’ĭná] 길이
15. [čč] : лётчик [l’·ó·ččĭk] 조종사
отчёт [ă·čč·ót] 보고
16. [n’t’] :бантик [bá·n’t’ĭk] 나비댕기
интимный [ĭn’t’ímnŷj] 친밀한
17. [n’d’] :кандидат [kə·n’d’ĭdát] 후보
индюк [ĭn’d’·úk] 칠면조
18. [n’s’] : пенсия [p’·é·n’s’ĭj·ə] 연금
в сеансе [fs’ĭá·n’s’ĭ] 상연중
19. [n’z’] : претензия [pr’ĭt’·é·n’z’ĭj·ə] 청구(권)
вонзить [vă·n’z’ít’] 찌르다

위 예들 가운데 5.[s’l’]과 6.[z’l’], 13.[t’l’]과 14.[d’l’], 그리고 18.[n’s’]와 19.[n’z’]는 임의변이로서 연사음 동화를 일으키지 않고 [sl’], [zl’], [tl’], [dl’], [ns’], [nz’]로 발음할 수도 있으며, 오히려 이러한 발음이 더 선호되고 있다. 이것은 자음이 위치에 따라 연자음으로 발음되는 자음의

위치적 연자음화(позиционная палатализация согласных)가 감소되는 경향 때문이다. 오늘날에는 отли́чно, для, под ли́пой, над ле́сом과 같은 예의 -тл-, -дл- 자음무리에서는 앞의 치음을 경자음으로 발음하는 것이 더 일반화되고 있다.

6.3.3 다른 연자음 앞에서의 치음 무리

치음 무리들은 순치음(이-입술소리) [v']와 연자음 ч[č], щ[š'š'] 또는 [š'č] 앞에서 연자음으로 발음된다.

(25) четверть [č·é·t'v'ĭrt'] 1/4
естественный [jĭs't'·é·s't'v'ĭnnўj] 자연의
в листве [vl'ĭs't'v'·é] 나뭇잎에

6.3.4 설전음(떨음소리) [r]

원칙 9: 설전음 [r]은 연자음 앞에서 연자음 동화를 일으키지 않는다.

설전음 [r]은 연자음 앞에서 연자음 동화를 일으키지 않는다. 단, 앞 음절에 강세를 가진 모음 [é]가 있고 [r] 뒤에 순음이나 치음 연자음이 따라오면 연자음화를 일으킨다.

[r] → [r'] / [é]——— [+palatal] / [+labial]/[+dental]

[r] → [r] / 그밖에

(26) [rv’] : рвёт [rv’·ót] рвать(잡아 찢다)의 3인칭 단수 현재형

[rp’] : корпеть [kărp’·é·t’] 열중하다

[rb’] : скорби [skórb’ĭ] 비애의

[rm’] : о корме [ăkórm’ĭ] 먹이에 관해

[rl’] : карлик [kárl’ĭk] 난장이

[rč] : корчить [kórčĭt’] 경련시키다

[rx’] : верхи [v’ĭrx’í] 상층부

[rr’]-[r’r’] : коррида [kărr’ídə]~[kă·r’r’ídə] 투우

위의 예는 설전음 [r]이 연자음 앞에서 연자음 동화를 일으키지 않는 것을 보여준다. 단, 동일한 설전음인 연자음 [r’]이 뒤따라올 때에는 [kă·r’r’ídə]처럼 임의변이로 연자음 동화가 발생하는 경우도 있다.

또한 [r] 앞에 강세 모음 [é]가 있고, 그 뒤에 순음이나 치음 연자음이 따라오면 다음과 같이 연자음 동화가 발생한다.

(27) [r’v’] черви [č·é·r’v’ĭ] 벌레들

[r’m’] Пермь [p’·é·r’m’] 페름(도시 이름)

6.3.5 순음

원칙 10: 순음들은 다른 연자음 앞에서 연자음 동화를 일으키지 않는다.

순음들은 다른 연자음 앞에서 연자음 동화를 일으키지 않는다. 다만 같은 순음들끼리 만난 경우에 뒤의 순음이 연자음이면 앞의 순음도 연자음으로 발음되거나 임의변이가 발생할 수 있다.

(28) [pn’] : пни [pn’ĭ] 그루터기들

[pl’] : плюнуть [pl’·únŭ·t’] 침을 뱉다

[pč’] : пчела [pčĭlá] 꿀벌

[pk’] : тапки [tápk’ĭ] 슬리퍼

[bd’] : бди [bd’í] бдеть(밤새우다)의 명령법

[bz’] : лобзик [lóbz’ĭk] 실톱

[bn’] : обнюхать [ăbn’·úxə·t’] 냄새맡으며 돌아다니다

[br’] : брить [br’ít’] 면도하다

[fl’] : фляга [fl’·ágə] 대형 액체용기

[fč] : вчера [fčĭrá] 어제

[fk’] : в кино [fk’ĭnó] 영화관에서

[vr’] : вред [vr’·ét] 손해

[vl’] : влить [vl’ít’] 쏟아 붓다

[vn’] : внять [vn’·á·t’] 주의해서 듣다

[ms’] : хамсе [xăms’·é] хамcá(청어)의 여격

[ml’] : млеть [ml’·é·t’] 마비되다

[mr’] : умрёт [ŭmr’·ót] умере́ть(죽다)의 3인칭 단수형

[mx’] : мхе [mx’·é] мох(이끼)의 여격

[p’p’] : труппе [trú·p’p’ĭ] тру́ппа(일단의 배우들)의 여격

[p’f’] : сапфир [să·p’f’ír] 사파이어

[b’b’]-[bb’] : оббить [ă·b’b’ít’]~[ăbb’ít’] 두들겨 떨어뜨리다

[b’v’]-[bv’] : обвить [ă·b’v’ít’]~[ăbv’ít’] 휘감다

[b’m’]-[bm’] : обмерить [ă·b’m’·é·r’ĭt’]~[ăbm’·é·r’ĭt’] 측량하다

[f'p']-[fp'] : впитать [f'p'ĭtát']~[fp'ĭtá·t'] 흡수하다
[f'f'] : в фирме [f'f'írm'ĭ] 회사에서
[f'm']-[fm'] : рифме [r'íf'm'ĭ]~[r'ífm'ĭ] ри́фма(각운)의 여격

[v'b']-[vb'] : вбить [v'b'ít']~[vb'ít'] 박다
[v'v'] : ввиду [v'v'ĭdú] ~을 고려하여
[v'm']-[vm'] : вместе [v'm'·é·s't'ĭ]~[vm'·é·s't'ĭ] 함께

[m'p']-[mp'] : лампе [lá·m'p'ĭ]~[lámp'ĭ] ла́мпа(램프)의 여격
[m'b']-[mb'] : бомбе [bó·m'b'ĭ]~[bómb'ĭ] бо́мба(폭탄)의 여격
[m'm'] : гамме [gá·m'm'ĭ] га́мма(감마, 음계)의 여격

6.3.6 **연구개음(여린입천장 소리)** [k], [g], [x]

원칙 11: 연구개음은 다른 연자음들 앞에서 연자음 동화를 일으키지 않는다.

(29) [kv'] : квит [kv'ít] 영수증
[ks'] : Аксинья [ăks'ín'j·ə] 여자 이름
[kl'] : клюв [kl'·úf] 새의 부리

[gn'] : огни [ăgn'í] огонь(불)의 복수 주격
[gl'] : гляди [gl'ĭd'í] глядеть(주시하다)의 명령법
[gr'] : грех [gr'·éx] 죄

[xm'] : хмель [xm'·é·l'] 호프, 술기운

[xn'] : ку́хня [kúxn'·ə] 부엌

[xč] : бахчá [bǎxč·á] 참외밭

그러나 연구개음이 겹친 경우에는 뒤의 연구개 연자음의 영향으로 동화 작용을 일으킨다.

(30) [g'g'] : Аггей [ǎ·g'g'·é·j] 남자 이름

[x'k'] : мягкий [m'·á·x'k'ĭj] 부드러운

6.3.7 [š], [ž], [c]의 연자음화

원칙 12: 경자음 ш, ж, ц는 연자음이 될 수 없다.

역사적인 변화 과정에 의해 경자음이 된 마찰음 [š], [ž]와 파찰음 [c]는 항상 경자음으로만 발음된다.

(31) [šp'] : шпион [šp'ĭón] 간첩

[št'] : штиль [št'íl'] 무풍상태

[šl'] : пошляк [pǎšl'·ák] 평범한 남자

[žd'] : жди [žd'í] ждать(기다리다)의 명령법

[žn'] : жнец [žn'·éc] 수확하는 사람

[žg'] : жги [žg'í] жечь(태우다)의 명령법

[cv'] : цвет [cv'·ét] 색

[cl'] : отец ли [ǎ·t'·écl'ĭ] 아버지가?

[ck'] : клёцки [kl'·óck'ĭ] 수프의 작은 경단

그러나 [š]와 [ž]가 한 형태소 내에서 두 번 겹칠 때 이 소리들은 연자음

이 된다.

원칙 13: [š]와 [ž]가 한 형태소 내에서 겹칠 때 이 소리들은 경자음이 될 수 없다.

자음 [š]와 [ž]가 한 형태소 내에서 두 번 겹칠 때 이 소리들의 조음 위치는 잇몸의 위치에서 경구개(센입천장) 쪽으로 올라간다. 그리고 그만큼 혀의 위치도 상승하여 [š'š'], [ž'ž']가 된다.

연자음 [š']와 [ž']는 항상 나타날 수 있는 음소가 아니고, "한 형태소 내에서 겹쳐 소리나는 경우"라는 환경에 의해 발생되는 위치적 이음(позиционные варианты)이다. 연자음 [š'], [ž']와 경자음 [š], [ž]를 구분하는 것은 연자음성(палатальность, мягкость)이라는 자질이다. 따라서 이 자음 소리들을 정확하게 구분하기 위해서는 조음 위치에 대한 정확한 인지가 중요하다.

연자음 [š']를 발음하기 위해서는 경자음 [š]를 발음할 때보다 혀의 몸체(тело языка)를 보다 분명하게 앞으로 이동시키면서 혀끝(кончик языка)을 아래로 내려야 한다. 그리고 혓등의 가운데 부분(средняя часть

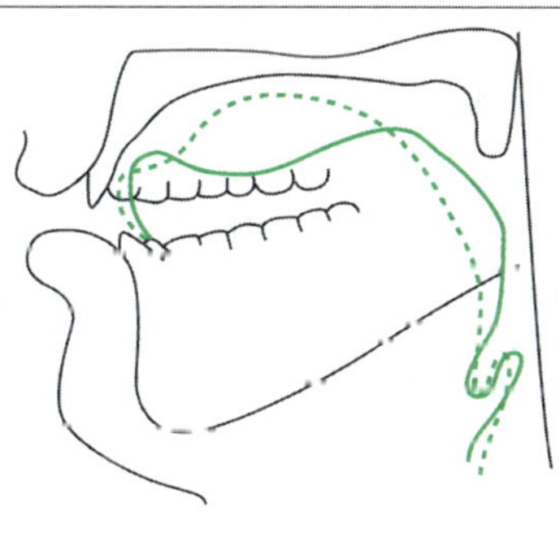

〈그림 20〉 [š'š']와 [s']의 발음시 입모양 비교

спинки языка)은 위로 치켜 올려야 한다.

같은 연자음이라 하더라도 치경 연자음 [š'š']와 치음 연자음 [s']의 발음은 혀끝의 위치에서 구분된다. 즉 [š'š']의 조음시 혀끝은 [s']보다 더 높은 쪽에 위치한다. 그리고 [s']의 조음시 공기의 흐름은 아랫니 쪽을 향하는 데 반해, [š'š']의 조음에서는 [s']의 경우보다 더 높은 쪽으로 흐르고, 보다 넓게 퍼져나간다.

철자상으로 볼 때, [š'š']의 조음은 철자 щ에서뿐만 아니라 어근과 접미사, 그리고 드물게는 어근과 접두사[3])의 결합 부분에서 나타나는 сч, зч, жч, стч와 같은 철자의 결합에서도 실현된다.

(32) щи [š'š'í] 배추국
песчаный [p'ĭš'š'·ánўj] 모래로 덮인
мужчина [mŭ·š'š'ínə] 남자
счёт [š'š'·ót] 계산
жёстче [žó·š'š'ĭ] 더 엄하게
грузчик [grú·š'š'ĭk] 짐꾼

[ž'ž']의 조음 위치도 [š'š']와 동일하다. 다만 [ž'ž']는 유성음이고 [š'š']는 무성음이라는 점에서 구분된다. 이 [ž'ž']의 발음은 동일 형태소 내에서 자음무리 зж, жж의 철자 결합이 나타나는 경우에도 일어난다.

(33) брызжет [brýž'ž'ĭt] 물이 튀기다
брезжить [br'·é·ž'ž'ĭt'] 희미하게 반짝이다
дребезжать [dr'ĭb'ĭž'ž'·á·t'] 덜그럭 소리가 나다
визжать [v'ĭž'ž'·á·t'] 날카로운 쇳소리가 나다

---

2) [š'š']의 발음은 원칙적으로 한 형태소 내에 위치할 경우에만 일어난다. 그러나 어근과 접미사의 경우에는 결합의 형태적 속성상 동일 어간으로 간주되는 경우가 대부분이므로 [š'š'] 발음의 원칙에 어긋나지 않는다.

жужжать [žŭ·ž'ž'·á·t'] 웅웅 소리가 나다
вожжи [vó·ž'ž'ĭ] 고삐
жжёт [ž'ž'·ót] жечь(태우다)의 단수 3인칭 현재형
езжу [j·é·ž'ž'·ŭ] езжáть(타고 가다)의 단수 1인칭 현재형
уезжать [ŭ·jĭž'ž'·á·t'] 타고 떠나다

이 밖에 дожди와 дождик는 [dă·ž'ž'í]와 [dó·ž'ž'ĭk]으로 발음되는 것이 일반적이지만 이음으로서 [dăžd'í], [dóžd'ĭk]으로 발음될 수도 있다.

6.3.8 경자음 동화

자주 일어나는 것은 아니지만 러시아어에서 경자음 동화(ассимиляция по твёрдости)의 경우도 드물지 않게 볼 수 있다.

러시아어에는 철자상으로 ч와 щ를 제외하고는 연자음을 나타내는 철자가 따로 없기 때문에 연자음이 경자음으로 바뀌는 경자음 동화에 대하여는 주의가 별로 기울여지지 않고 있다. 그러나 이 현상은 연자음 동화에 비하여 아주 드물게 나타나지만, 실제로 러시아어의 발음 현상에 존재한다. 따라서 이것을 제대로 이해하는 것은 러시아어의 구조를 올바르게 파악하는 데 아주 중요하다.

예를 들어, конец [kă·n'·éc]와 단수 생격형 конца [kăncá]를 비교할 때, 주격형의 [n']은 비 기본격형에서 일관되어 보이는 경자음 [n]이 전설모음 [e] 앞에서 연자음으로 바뀐 것으로 생각하기 쉽다.

(34) конец [kă·n'·éc] (주격)
конца [kăncá] (생격)
концу [kăncú] (여격)
конец [kă·n'·éc] (대격)

концом [kăncóm] (조격)
конце [kăncé] (전치격)

그러나 앞에서도 언급한 바와 같이 현대 러시아어는 자음 중심의 언어이기 때문에 자음의 자질이 모음에 의해서 바뀌는 현상은 일어날 수 없다. 더구나 конец의 모음 철자 e는 출몰 모음이므로 생격형 конца에서 없어진다. 이 때문에 앞 자음에 대하여 음운적 영향을 미칠 수가 없다. 이런 점에서 이 단어의 철자 н은 본래 연자음 /n'/이라는 것을 알 수 있다. 실제로 이 단어의 심층 구조형은 {kon'#c-}이다. 그리고 생격형 конца의 경우는 경자음 [c] 앞에서 연자음 [n']이 경자음 [n]으로 동화된 것이다.

[n'] → [n] / ______ [c]

이와 같은 형태의 단어로서 отéц-отцá, овéц-овцá, жилéц-жильцá를 들 수 있다. 이 단어들의 심층 구조형은 {ot'#c-}, {ov'#c-}, {žil'#c-}이다. 그러나 отéц-отцá, овéц-овцá와 달리 жилéц-жильцá는 생격형에서 경자음 동화가 일어나는 형태인 *жилца가 아닌 жильцá를 갖는다. 생격형 жильца에서 경자음 [c] 앞의 연자음 [l']이 경자음으로 되지 않고, 연자음 [l'](철자 -ль-)을 그대로 유지하고 있는 것은 [l']이 동화 작용에 저항적이기 때문이다. 이것은 연자음 동화에서 언급된 바와 같이 경자음 /r/이 연자음 동화에 거부적인 것과 같은 속성을 보여주는 것이다.

6.4 조음 방법과 장소의 동화

두 개의 자음이 나란히 있을 때, 이 두 자음의 조음 장소와 방식이 서로 같아지려는 경향이 있다. 이러한 발음 현상은 치음 [s], [z]가 치경구개음 [š], [ž]나 경구개음 [č] 앞에 있을 때 일어난다. 이것이 일어나는 근본적인 원인은 입안에서 움직이는 혀의 운동량을 줄이고자 하는데 있다. 조음 장소의 동화가 일어나는 과정은 다음과 같다.

(35-a)의 경우 자음무리에서 뒤에 위치한 연자음 [č]의 영향으로 앞의 경자음 [s]가 [s']로 바뀌는 연자음 동화가 일어난다. 그리고 다시 이 [s']는 경구개음 [č] 앞에서 조음 위치가 그에 근접해지는 위치 변화를 일으킨다. 따라서 [š'čïtá·t']가 된다. 그리고 다시 뒤의 [č]는 앞의 [š']의 영향으로 조음점이 같아져 [š']로 바뀌었다. 따라서 최종적으로 [š'š'ïtá·t']가 된다.

с + читать의 경우 접두사 с-와 어근 чит-의 결합 정도에 따라 [š'č'ïtá·t']로 발음할 수도 있고 [š'š'ïtá·t']로 발음할 수도 있다. 이 두 발음은 서로 임의변의적 관계에 있다. 그러나 구어체에서는 [š'š'ïtá·t']가 더 선호된다.

(35-b)의 경우에서도 상호동화가 일어나 [š'š'·úpə·t']로 발음된다. 이 경우에는 형태소 경계에 의한 제한이 전혀 없기 때문에 이음이 발생할 여지가 없다.

(35) a) с + читать

[s] + [č]
↓
[s']
↓
[š']
↓
[š']
―――――
[š'š'ïtá·t']

1. [s] → [s'] / _______ [č]

2. [s'] → [š'] / _______ [č]

3. [č] → [š'] / [š'] _______

b) щупать

[š] + [č]

↓ ↓

[š’] 1. [š] → [š’] / ______ [č]

[š’] 2. [č] → [š’] / [š’] ______

[š’š’·úpə·t’]

그러나 여기서 주의할 것은 /šš/나 /žž/의 자음 결합이 연자음으로 발음되지 않는 경우가 있다는 점이다.

(36) сшить [ššýt’] 깁다
сжать [žžá·t’] 수확하다
разжёг [rǎžžók] 불질렀다
с женой [žžўnó·j] 아내와

위 예들은 [šš], [žž]가 서로 겹쳐 있으나, 연자음 [š’š’], [ž’ž’]가 되지 않는 경우를 보여준다. 이것은 음운 규칙이 형태소 경계에 의해 제한되고 있기 때문이다. 이와 같이 러시아어에서는 형태적 요소가 음운적 요소를 제한하거나 우선하는 경우가 있다.

원칙 14: 발음 규칙은 형태적인 이유로 적용이 제한될 수 있다.

сшить: {s-} + {šit’}
сжать: {s-} + {žat’}
разжёг: {raz-} + {žog-}
с женой: {s-} + {žen-} + {-oj}

6.5 자음무리와 묵음 현상

러시아어에서의 자음 결합이란 보통 두 개의 자음이 연속된 것을 말한다. 그러나 때로 세 개 이상 다섯 개까지도 연속된 경우를 볼 수 있다. 이런 경우 자음 중 발음이 되지 않는 것들이 있다. 현대 러시아어에서는 자음 무리를 회피하려는 경향이 강하기 때문이다. 역사적으로 러시아어에 자음 무리가 생기게 된 것은 "열린 음절(открытый слог)" 법칙이 무너진 결과이다. 이렇게 생겨난 자음 무리들은 자음동화 과정을 통해 발음을 용이하게 조정하게 된다. 더욱이 세 개 이상의 자음이 결합된 경우는 동화 현상 이외에 의사 소통에 문제를 야기하지 않는 한, 자음 하나를 탈락시켜 발음을 더욱 용이하게 만든다.

원칙 15: 세 개 이상의 자음 중복은 피한다.

6.5.1. 자음 세 개 중 가운데 자음이 폐쇄 치음인 경우:

-стн- : [sn]
-здн- : [zn]
-стл- : [sl]
-стц- / -здц- : [sc]
-ндц- / -нтц- : [nc]
-ндск- / -нтск- : [nsk]
-рдц : [rc]
рдч : [rč]

위의 예들은 자음이 셋 또는 넷이 연속된 것들이다. 공통적인 특징은 가운데 자음이 폐쇄음인 [t] 또는 [d]라는 점이다. 선행 자음은 치음으로서 공기의 흐름을 막지 않는 마찰음이고 후행 자음은 조음 장소와 방식이 일정하지 않다. 이러한 결합에서 중요한 것은 공기의 흐름이다. 가운데 자음들이 폐쇄음이라는 것은 공기의 흐름을 중간에 차단한다는 것을 보여준다. 이러한 구조에서는 연속적으로 발음을 지속하는 게 쉽지 않다. 특히 자음 가운데 치음은 발음시 혀를 가장 긴장시키고 그에 따른 운동량도 다른 자음에 비해 크다. 이런 이유로 치음을 두 번 연속해서 발음하는 것은 혀 근육의 피로도를 한계점에 이르게 한다. 이것은 발음의 변별성을 떨어뜨리게 되어 최소의 노력으로 최대의 효과를 거두고자 하는 “경제적 원칙”을 위배한다.

이것을 간단히 도식화하면 다음과 같다.

$$C_1 \begin{bmatrix}+\text{dental}\\ -\text{continuant}\end{bmatrix} C_2 \rightarrow C_1C_2$$

치음을 두 번 연속적으로 발음한다고 해서 의사소통이 더 정확해지는 것은 아니다. 모음의 탈락으로 생겨난 자음 결합은 의미와 상관없는 잉여적인 구조일 뿐이다. 이러한 경우에 우선적으로 고려되는 것은 조음상의 편의성이다. [-지속성]의 자질을 가진 가운데 자음인 치음을 탈락시키는 것은 원형을 가장 적게 훼손시키면서 의사 소통을 원활하게 하는 최선의 선택이다. 이처럼 가운데 치음을 탈락시키는 예들은 다음과 같다.

(38) a) -стн- : [sn]
грустный [grúsnŷj] 슬픈
местность [m'·ésnə·s't'] 지역
шестнадцать [šŷsnáccə·t'] 16

свистнуть [s’v’ísnŭ·t’] 휘파람불다

участник [ŭ·č·á·s’n’ĭk] 참가자

b) -здн- :[zn]

поздно [póznə] 늦게

праздник [prá·z’n’ĭk] 축일

звёздный [z’v’·óznŷj] 별의

наездник [nă·j·é·z’n’ĭk] 기수

уездный [ŭ·j·éznŷj] 지방적인

c) -стл- :[sl]

счастливый [š’š’ĭs’l’ívŷj] 행복한

завистливый [ză·v’ís’l’ĭvŷj] 부러워하는

совестливый [só·v’ĭs’l’ĭvŷj] 양심적인

участливость [ŭ·č·á·s’l’ĭvə·s’t’] 사려깊음

жалостливость [žálə·s’l’ĭvə·s’t’] 깊은 연민

d) -стц- / -здц- : [sc]

истца [ĭscá] истец(고소인)의 생격

хвостца [xvăscá] хвостец(꼬리뼈)의 생격

крестца [kr’ĭscá] крестец(엉치뼈)의 생격

под уздцы [pədŭscý] 재갈에 물려

e) -ндц- / -нтц- : [nc]

голландцы [gălánců] 네덜란드인

фламандцы [flămánců] 플란드르인

брильянтца [br’ĭl’j·ánca] брильянтец(보석가공사)의 생격

f) -ндск- / -нтск- : [nsk]
финляндский [f'ĭnl'·ánsk'ĭj] 핀란드의
гигантский [g'ĭgánsk'ĭj] 거인의

g) -рдц- : [rc]
сердце [s'·ércə] 심장
сердцевина [s'ĭrcə·v'ínə] 핵심

h) -рдч- : [rč]
сердчишко [s'ĭrčíškə] 작은 심장

(38f)의 -ндск- / -нтск- 결합은 외국 지명을 나타내는 경우 д나 т가 [c]로 바뀌어 [ncsk]로 발음되기도 한다. 이것은 러시아어에 들어온 지 오래되지 않은 단어들이거나, 문학어(литературный язык)적인 발음이다.

(39) ютландский [j·ŭtláncsk'ĭj] 유틀란드의
ташкентский [tăšk'·éncsk'ĭj] 타시켄트의
комендантский [kə·m'ĭndáncsk'ĭj] 사령관의

또한 (38h)의 [rč]의 발음이 정자법에 그대로 반영된 예도 있다.

(40) серчáть; *сердчáть 성내다

위 단어 серчать는 어원적으로 -рдч-로 자음 д를 유지해야 한다. 그러나 파생어휘 중 이와 관련된 어휘가 없기 때문에 형태적 측면에서 발음되

지 않는 철자를 유지할 이유가 없다. 따라서 자연히 д는 자음 철자에서 탈락되었다.

6.5.2. 순치음이 있는 경우: -вств-

묵음 현상이 일어나는 대표적인 경우가 [순치음 + 치음 + 치음 + 순치음]으로 구성된 자음 무리이다. 이 자음 무리에서 마지막 자음인 순치음 [v]는 모음 앞에서 모음과 같은 공명음이 되기 때문에 공명도(sonority)가 아주 높아진다. 따라서 그 앞에 위치하는 마찰음과 폐쇄음의 치음 무리들과 결합하는 데 조음적 부담을 전혀 주지 않는다. 다만 제일 앞 자음인 순치음 [v](발음시에는 무성자음화되어 [f])는 뒤의 치음들과 조음 장소나 방식이 전혀 다르다. 그리고 그 앞에 후설모음이 오는 경우에는 모음의 원순성의 영향으로 인해 [v]나 [f]를 곧이어 발음하기가 부담스러워진다. 따라서 이러한 자음 무리에서는 보통 제일 첫 자음인 순치음이 묵음으로 탈락된다. 그러나 그 앞의 모음이 전설모음이나 [a]인 경우는 묵음이 되지 않을 수도 있다.

원칙 16: 순음성(labial)의 연속은 피한다.

[+labial] [+labial] C → [+labial] C
[-sonorant]

(41) -(чу)вств- : [stv]
чувство [č·ústvə] 감정
бесчувствие [b'iš'č'·ú·s't'v'ĭj·ə] 무정

모음 /u/는 원순음이다. 자음 /v/도 순치음이므로 모음과 자음이 모두 [순음성]이라는 점에서 공통된 자질을 가지고 있다. 따라서 순음성의 연속을 피하고자 [원칙 16]에 의해 뒤의 자음 /v/는 탈락된다.

(42) -лвств- : [lstv]
безмолвствовать [b'ĭzmólstvəvə·t'] 잠자코 있다

위의 예에서처럼 자음 무리 -вств-의 첫 번째 자음 в는 원순 모음뿐 아니라 자음 л 뒤에서도 탈락되어 발음된다. 이것은 순치음 в와 그 뒤의 자음 с와 т가 모두 치음성의 성질을 가지고 있으므로 동일한 치음성을 갖는 л이 부가될 때 그 중 하나를 탈락시키는 것으로 설명할 수 있다.

(43) -вств- / -фств- : [fstv]
хвастовство [xvəstăfstvó] 자만
нравственный [nráfs't'v'ĭnnўj] 도덕의
лукавство [lŭkáfstvə] 교활
шефствовать [šéfstvəvə·t'] 장이 되다, 후원하다

후설 모음으로 저모음인 /a/ 뒤에서는 -вств-[-fstv-]가 탈락 자음 없이 모두 발음된다. 이것은 앞의 모음 /a/가 순음성([+labial])을 가지고 있지 않기 때문이다. 단, здравствуй [zdrástvŭ·j]에서는 자음 в가 탈락한다. 이것은 자주 쓰이는 단어의 친숙성에서 비롯된 관용적 탈락이라고 할 수 있다.

6.5.3. 콧소리 [n]이 가운데에 있는 경우

(44) -лнц-: [nc] солнце [sóncə] 태양

위 예는 치음 л, н과 치경음 ц가 연속되는 경우 치음 л이 발음되지 않고 탈락되는 현상을 보여준다. 이것은 자음 [n]이 자음 [l]보다 공명도가 높기 때문에 뒤따라오는 자음 [c]와 더 잘 대비되기 때문으로 보인다.

6.6 형태소 경계에서의 자음 무리 -дс-, -тс-, -тьс-

자음 무리들에서 묶음 현상이 일어나는 대신, 소리의 합성에 의하여 다른 소리로 발음되는 경우들이 있다. 이것은 형태소 경계에서의 자음 무리 -дс-, -тс-와 -тьс-이다.

어근과 접미사의 이음 부분에서의 дс[ds], тс[ts]는 [c]로 발음된다.

(45) детский {d'et-}+{-sk-}+{-ij} [d'·éck'ĭj] 아이의
городской {gorod-}+{-sk-}+{-oj} [gərăckó·j] 도시의
Братск {brat-}+{-sk} [bráck] 브라츠크(도시 이름)

동사의 어간 또는 어미와 재귀소사 -ся의 이음 부분에서 이 자음 무리는 [cc]로 발음된다.

(46) пытается [pўtá·jĭccə] 시도하다(3인칭 단수)
пытаться [pўtáccə] 시도하다

그러나 접두사와 어근, 전치사와 다음 낱말의 이음 부분에서 폐쇄자음 [t]와 마찰음 [s]의 자음 무리는 보통 두 개의 별개의 소리로 발음된다.

(47) отсутствие {ot-}+{-sut-}+{-stv-}+{-ie} [ăt-sustv'ĭj·ə] 결석
под снегом [păt-s'n'·égəm] 눈 아래

예 (47)은 발음 규칙보다 문법적 변별성을 우위에 두는 러시아어의 특징 때문이다.[4]

(48) родство {rod-} + {-stv-} + {o} [răstvó] 친척
отсуствие {ot-}+{-sut-}+{-stv-}+{-ie} [ăt-sustv'ĭj·ə] 결석

위 예에서 -дств-와 -тств-의 자음 결합은 [stv]로 발음된다. 이것은 세 번째 자음 т가 [-지속성]([-continuant])의 자질을 가졌기 때문에 역시 [-지속성] 자질을 가진 [c]의 발음을 허락하지 않기 때문이다.

4) 원칙 17 참조.

과제

1. 다음 단어나 어구들을 읽어보고 발음 기호로 나타내시오.
   1) вглубь, кровь, и́зморозь, медь
   2) про́сьба, футбо́л, экза́мен, сбежа́ть с горы́
   3) свет, отве́т, свари́ть, к вам
   4) голу́бка, тра́вка, из песка́, кру́жка
   5) дуб растёт, вглубь ле́са, ска́жешь ма́ме, вряд ли
   6) прие́дет за́втра так бу́дет, челове́к до́брый, поперёг доро́ги
   7) их го́лос, ночь без огне́й, тут же, взять бы
   8) дуб велика́н, про́тив ве́тра, прие́дет ве́чером
   9) дуб ста́рый, напро́тив шко́лы, пиро́г с капу́стой

2. 다음 단어나 어구들을 읽어보고 발음 기호로 나타내시오.
   1) сшит
   2) расши́т
   3) бесшу́мный
   4) с шу́мом
   5) из ше́рсти
   6) без шести́ мину́т
   7) с журнали́стом
   8) безжа́лостный
   9) из желе́за
   10) че́рез желе́зную доро́гу

3. 연자음 치음과 [č], [š'š'] 앞에 오는 자음의 발음에 주의하여 다음 단어와 어구들을 읽어보시오.
   1) вести́, сча́стье, гость, но́вость, грусть
   2) здесь, сде́лать, везде́, пя́тница, ле́тний
   3) пе́сня, лесни́к, снег, с ни́ми, от них

4) жизнь, в жи́зни, колхо́зник, пра́здник

5) несли́, е́сли, по́сле, мысль, одни́, подня́ть

6) везли́, во́зле, разли́чие, под ни́ми

7) ви́нтики, на ле́нте, зо́нтик, антипа́тия, монти́ровать

8) Индия, стипе́ндия, Голла́ндия, кандида́т, мунди́р

9) пе́нсия, вака́нсия, лице́нзия, реце́нзия

10) ко́нчить, обма́нчивый, же́нщина

4. 다음 단어들을 읽은 후 발음기호로 나타내시오.

1) мя́гкий, легко́

2) сове́тский, де́тский, заводско́й

3) сре́дство, де́тство, благоро́дство

4) занима́ться, занима́ется, дви́гаться, дви́гается

5) отсе́в, отсня́ть под сне́гом, от сы́на

제7장

러시아어 음소와 이음

주요개념

- 최소 대립쌍(минимальные пары)
- 병합(слияние)
- 산디(sandhi)

7.1 러시아어 자음 음소와 이음

러시아어에는 최소한 40개의 자음 소리와 11개의 모음 소리가 있다. 환경적인 이음까지 합치면 더 많은 수의 소리들이 있을 수 있다. 그러나 이 소리들이 모두 음소가 될 수는 없다. 왜냐하면 음소는 적어도 머리 속에서 인지되고 있는 심리적인 소리 단위(психологическая звуковая единица)이기 때문이다. 이러한 음소를 찾기 위해서는 먼저 최소 대립쌍을 만들어야 한다. 그리고 언어에 대한 주관적인 선입견을 갖지 않는 것이 중요하다. 언어에 대한 주관적인 선입견은 소리에 대한 객관적인 분석을 어렵게 하기 때문이다. 이런 점에서 우리가 한국어를 분석할 때 외국인보다 유리하다고 생각한다면 큰 오산이다. 누구나 자기 모국어에 대해서는 습관적으로 형성된 선입견이 있게 마련이고 이는 언어를 분석하는 데 걸림돌이 된다. 언어를 분석하는 데 필요한 것은 주관이 아니라 객관이다. 언어학은 단순히 말을 배우는 과정이 아니다. 이것은 객관적이고 체계적인 접근을 요구하는 과학이다.

러시아어의 자음 음소를 찾기 위한 최소 대립쌍의 목록을 만들면 다음과 같다.

(1) 최소 대립쌍

/b/ ; /b'/ : быть /bit'/ ; бить /b'it'/

/b/ ; /p/ : был /bil/ ; пыл /pil/

/p/ ; /p'/ : пыл /pil/ ; пил /p'il/

/b'/ ; /p'/ : бить /b'it'/ ; пить /p'it'/

/d/ ; /d'/ : ходы /xadí/ ; ходи /xad'í/

/d/ ; /t/ : дам /dam/ ; там /tam/

/t/ ; /t'/ : мат /mat/ ; мать /mat'/

/d'/ ; /t'/ : день /d'en'/ ; тень /t'en'/

/g/ ; */g'/ : 최소 대립쌍이 없음

/g/ ; /k/ : глуп /glup/ ; клуб /klup/

/k/ ; /k'/ : садком /satkóm/ ; соткём /satk'óm/

*/g'/ ; /k'/ : 없음

/x/ ; */ɣ/ : 없음

/x/ ; */x'/ : 없음

/x/ ; /k/ : храп /xrap/ ; крап /krap/

/v/ ; /v'/ : вол /vol/ ; вёл /v'ol/

/v/ ; /f/ : вон /von/ ; фон /fon/

/f/ ; /f'/ : фон /fon/ ; фён /f'on/

/v'/ ; /f'/ : винт /v'int/ ; финт /f'int/

/z/ ; /z'/ : зов /zof/ ; зёв /z'of/

/z/ ; /s/ : зало /zála/ ; сало /sála/

/s/ ; /s'/ : сок /sok/ ; сёк /s'ok/

/z'/ ; /s'/ : зело /z'iló/ ; село /s'iló/

/š/ ; /š'/ : 없음

/š/ ; /ž/ : шар /šar/ ; жар /žar/

/ž/ ; */ž'/ : 없음

/l/ ; /l'/ : пал /pal/ ; паль /pal'/

/r/ ; /r'/ : рад /rat/ ; ряд /r'at/

/l/ ; /r/ : лад /lat/ ; рад /rat/

/l'/ ; /r'/ : ляд /l'at/ ; ряд /r'at/

/n/ ; /n'/ : вон /von/ ; вонь /von'/

/m/ ; /m'/ : мать /mat'/ ; мять /m'at'/

/c/ ; */ʒ/ : 없음

/c/ ; /č/ : отец /at'éc/ ; отечь /at'éč/

/č/ ; */ǯ/ : 없음

/j/ ; /r/ : чайка /čájka/ ; чарка /čárka/

러시아어 자음 음소 가운데에서는 연자음 [k'], [g'], [x']의 지위가 이음인지 아니면 음소인지 하는 문제가 해결되어야 한다. 학자에 따라서는 /k/-/k'/, /g/-/g'/, /x/-/x'/를 모두 독립적인 음소로 인정하는 매우 진보적인 견해도 있다. 그런가 하면 경자음 /k/, /g/, /x/만을 독립적인 음소로 간주하는 아주 보수적인 견해도 있다. 이 음소들을 올바로 분석하기 위해서는 소리들의 발생 환경을 먼저 살펴보아야 한다.

(2)

	[i]	[e]	[a]	[o]	[u]
[g']	гипс [g'íps]	герб[g'·érp]			
[x']	хил [x'íl]	ноге [nǎ·g'·é]			
[g]			гад[gát]	горб[górp]	гул[gúl]
[x]			хала[xálə]	ход[xót]	хутор[xútər]

연자음 [k'], [g'], [x']는 어말 또는 다른 자음 앞에서는 나타나지 않는다. 즉, 연자음 [g']와 [x']는 전설모음 [i]와 [e] 앞에서만 일어나고, 경자음

[g]와 [x]는 후설모음들 앞에서만 나타난다. 따라서 연자음 [g']와 경자음 [g], 연자음 [x']와 경자음 [x]가 음소의 충족 조건인 최소 대립쌍을 형성하지 못하는, 서로 상보적 분포 관계에 있는 이음임을 알 수 있다. 반면에 [k']와 [k]는 후설모음 [o] 앞에서 확실한 최소 대립쌍을 적어도 하나는 만들 수 있다.

(3) садком [sătkóm] - соткём[sătk'·óm]
садок '새장'의 단수 조격 — соткать '짜다'의 복수 1인칭 현재

위와 같은 최소 대립쌍은 /k/와 /k'/에 음소의 지위를 부여하는 데 결정적인 역할을 한다. 이 외에도 연자음 [k']가 후설모음 앞에 나타나는 경우는 빈도수가 아직 적기는 하지만 외래어나 지명에서 나타나고 있다. 따라서 [k]와 [k']는 러시아어의 음소 체계에서 이미 독립적인 음소 /k/와 /k'/로 자리잡은 것으로 인정할 수 있다. 그러나 연자음 [g']와 [x'], 경자음 [g]와 [x]는 아직 상보적 분포의 관계를 벗어나지 못하므로 연자음 [g']와 [x']는 서로 동일 음소 /g/와 /x/의 이음으로 분류되어야 한다.

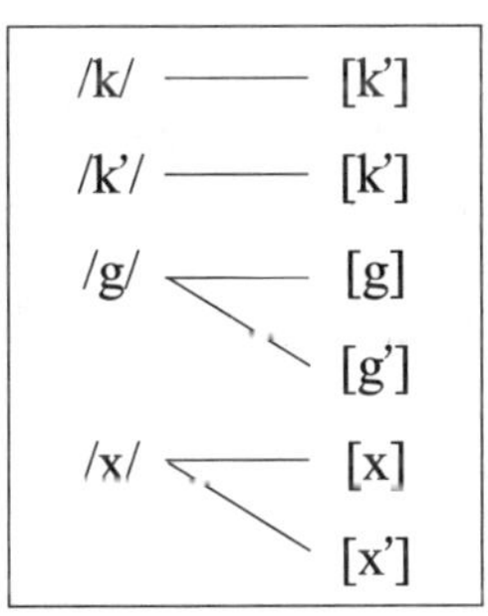

또한 러시아어에서 치경 연자음 [š']와 [ž'], 치경구개 유성자음 [ʒ]의 경구개 유성자음 [ǯ] 그리고 연구개 마찰음 [ɣ]는 주위 환경 조건이 맞을

때에만 나타날 수 있는 이음들이다. 연자음 [š’]와 [ž’]는 동일 형태소 내에서 겹쳐 소리날 때에만 나타난다. 또한 [š’]의 경우는 연자음 [č] 앞에서도 나타난다.

(4) щи[š’š’i] 배추국

визжать [v’ĭž’ž’·á·t’] 날카로운 쉿소리를 내다

исчертить [ĭš’č’ĭrt’ít’] (종이를) 줄로 가득 메우다

위의 예 исчерти́ть는 접두사 ис-의 경자음 /s/가 뒤의 자음에 동화되어 연자음이 되었다. визжать는 의성 명사 визг에 접미사 -е-가 붙어 동사가 된 경우로 визж-는 어근 형태소이다. 따라서 자음 [š]와 [š’]는 다음과 같이 정리될 수 있다.

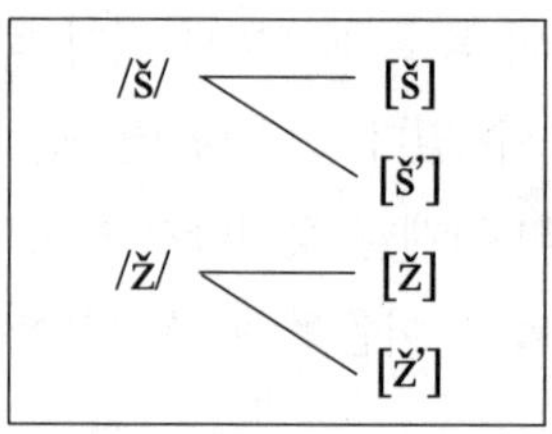

치경 유성자음 [ʒ]와 경구개 유성자음 [ǯ]는 음소 ц/c/와 ч/č/가 유성자음 앞에 올 때 동화에 의해 발생되는 이음들이다. 그리고 연구개 유성자음 [ɣ]는 연구개 무성음 x/x/가 유성자음 앞에 올 때 발생한다. 이들은 이음으로만 존재하기 때문에 해당되는 철자를 가지고 있지 않다.

(5) отец был [ă·t’·éʒby̆l] 아버지는 ~이었다

дочь была [dó·ǯby̆lá] 딸은 ~이었다

их дом [ĭɣdóm] 그들의 집

자음 [ʒ]와 [ǯ], 그리고 [ɣ]는 다음과 같이 음소 /c/와 /č/, /x/의 이음들이다.

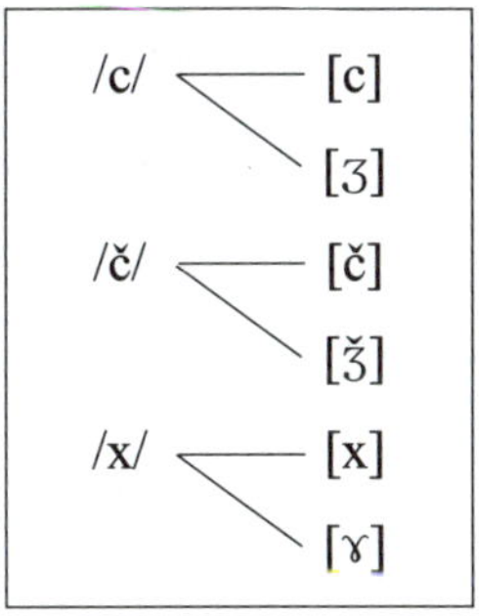

이와 같이 러시아어에서 [š'š'], [ž'ž'], [g'], [x'], [ʒ], [ǯ], [ɣ]는 음소가 아닌 음성적 이음이다. 러시아어 자음 체계를 음소적 관점에서 정리하면 다음과 같다.

(6) 러시아어 자음 음소 체계

조음 위치 / 조음 방법			순음				설음									
							전설							중설	후설	
			양순		순치		치음		치경음		치경구개음		경구개음		연구개음	
			경	연	경	연	경	연	경	연	경	연	연		경	연
장애음	폐쇄음	무	p	p'			t	t'							k	k'
		유	b	b'			d	d'							g	
	파찰음	무							c				č			
		유														
	마찰음	무			f	f'	s	s'			š				x	
		유			v	v'	z	z'			ž					
향음	비음	유	m	m'			n	n'								
	유음 실측	유					l	l'								
	유음 설전	유							r	r'						
	전이음	유												j		

7.2 러시아어 모음 음소와 이음

러시아어의 모음 소리는 적어도 11개라고 하였다. 이것은 실제로 발음되는 이음을 포함한 것이다. 러시아어에는 음소로서 /a/, /e/, /i/, /o/, /u/의 5개가 있다. 이 모음들 가운데 중모음인 /e/와 /o/는 강세 아래에서만 나타나기 때문에 강세가 없는 위치에서는 모음 음소가 3개로 감소된다. 따라서 러시아어의 모음 음소 체계를 "3-5음소체계"라고도 한다.

7.2.1. 음소 /i/

러시아어의 모음 음소를 결정할 때 주의해야 하는 것은 모음 음소 /i/의 문제이다. 이음 [i]와 [y]는 동일 음소의 이음이라고 하기에는 소리의 자질이 틀린 것처럼 들린다. 모음 [i]는 구강의 제일 앞 부분에서 조음되는 전설모음이고, 모음 [y]는 후설모음이기 때문이다. 키릴 형제가 알파벳을 만들었던 당시에 이 두 소리는 서로 다른 음소였다. 그러나 역사적 변화 과정을 거쳐 현대 러시아어에서는 이 두 음소가 병합(слияние, merger)에 의해 한 음소가 되었다.

(7) 고대 러시아어 → 현대 러시아어

고대 러시아어		현대 러시아어	
/i/ →	[i]	{	/i/
/y/ →			[y]

현대 러시아어에서 음소 /i/의 이음 [i]와 [y]의 발음 환경을 살펴보면 다음과 같다.

모음 [I]: 1) 어두에 나타난다.

игла [ĭglá] 바늘

игра [ĭgrá] 경기

2) 연자음 뒤에서 나타난다.

часы [čĭsý] 시계

химия [x'ím'ĭj·ə] 화학

язык [jĭzýk] 언어

десять [d'·é·s'ĭt'] 10

모음 [y]: 1) 어두에서는 나타날 수 없다.

2) 경자음 뒤에서만 나타난다.

быт [být] 생활상태

еды [jĭdý] 음식물

бытьё [bўt'j·ó] 생활양식

жена [žўná] 아내

모음 [i]와 [y]를 분포로 나누어 보면 다음과 같다.

(8)

위치 \ 모음		[i]	[y]
어두		o	x
비어두	연자음 뒤	o	x
	경자음 뒤	x	o

이음 [i]와 [y]는 이와 같이 상보적 분포 관계에 있다. 그러므로 이 두 소리는 동일한 음소 /i/의 이음이라 하지 않을 수 없다.

이 외에 [i]와 [y]가 동일한 음소 /i/의 이음이라는 것을 입증하는 예가

두 가지 더 있다. 첫 번째 예는 동일한 소리가 형태적 위치에 따라 다르게 발음되는 산디(sandhi)라고 하는 음운현상으로 낱말 경계에서 전설모음 [i]가 후설모음 [y]로 바뀌는 것이다.

(9) сад и дом [sátўdóm] 정원과 집
сам и отец [samўă·t'·éc] 자신과 아버지

두 번째 예는 파생어 형성 과정에서 경자음 뒤에 오는 이음 [i]가 [y]로 바뀌는 것이다. 이러한 변화는 다음과 같이 철자에 반영되기도 한다.

(10) с + играть → сыграть [sўgrá·t'] 놀다, 역할하다
раз + искать → разыскать [răzýskə·t'] 수색하다

7.2.2. 음소 /a/

모음 음소 /a/의 경우 강세 아래에서는 [á], [á·], [·á], [·á·] 4개의 이음이 발음된다. 이 중 [á]는 경자음 사이에서, [á·]는 연자음 앞에서, [·á]는 연자음 뒤에서, 그리고 [·á·]는 연자음 사이에서 발음되는 소리이다.

(11) кара [kárə] 징벌 | она [ăná] 그 여자는
край [krá·j] 지방 | маме [má·m'ĭ] мама(엄마)의 여격
яд [j·át] 독 | час [č·ás] 시간
пять [p'·á·t'] 다섯 | часть [č·á·s't'] 부분

강세가 없는 음소 /a/는 강세 음절의 앞에서 [ă]와 [ă·]의 2개의 이음으로 발음된다. 이 중 [ă]는 경자음 사이에서, [ă·]는 연자음 앞에서 발음된다.

(12) пошёл [păšól] 갔다　　барабан [bərăbán] 북
пойти [pă·jt'í] 갈 것이다　　мои [mă·jí] 나의

강세 없는 어두 위치에서는 강세 음절 앞에서와 마찬가지로 [ă]와 [ă·]의 2개의 이음이 발음된다.

(13) огород [ăgărót] 정원　　окно [ăknó] 창문
они [ă·n'·í] 그들은　　один [ă·d'ín] 하나

그 밖의 위치에서는 약화된 모음 [ə]와 [ə·]가 발음된다. 즉, 경자음 사이에서는 [ə]로, 연자음 앞에서는 [ə·]로 발음된다. 그리고 일부 어미에서는 [·ə]가 나타난다.

(14) потолок [pətălók] 천장　　барабан [bərăbán] 북
воспитать [və·s'p'ĭtá·t'] 양육하다
деревня [d'ĭr'évn'·ə] 시골　　время [vr'ém'·ə] 시간

/a/ — [á], [á·], [·á], [·á·]
/a/ — [ă], [ă·]
/a/ — [ə], [ə·], [·ə]

7.2.3. 음소 /o/

중위 후설모음 /o/는 강세 아래에서만 발음된다. 이 모음은 경자음 사이에서는 [o], 연자음 앞에서는 [o·], 연자음 뒤에서는 [·ó], 연자음 사이에서는 [·ó·]로 발음된다.

(15) окно [ǎknó] 창문 окна [óknə] 창문들
вонь [vó·n’] 악취 поле [pó·l’·ə] 들판
пёс [p’·ós] 개 её [jǐj·ó] 그녀의
тётя [t’·ó·t’·ə] 아주머니
несёте [n’ǐs’·ó·t’ǐ] нести(가지고 가다)의 2인칭 복수형

/o/ —— [o], [ó·], [·ó], [·ó·]

7.2.4. 음소 /e/

중위 전설모음 /e/도 강세 아래에서만 발음된다. 이 모음은 경자음 사이에서는 [é], 연자음 앞에서는 [é·], 연자음 뒤에서는 [·é], 연자음 사이에서는 [·é·]로 발음된다.

(16) шест [šést] 막대기 жест [žést] 제스처
цель [cé·l’] 목표 жечь [žé·č] 태우다
мел [m’·él] 백묵 все [fs’·é] 모두
день [d’·é·n’] 날 честь [č·é·s’t’] 명예

/e/ —— [é], [é·], [·é], [·é·]

7.2.5 음소 /u/

고위 후설모음 /u/는 강세 아래에서는 길게, 강세 없는 위치에서는 짧게

발음된다. 이 모음은 강세 아래에서는 경자음 사이에서 [ú], 연자음 앞에서 [ú·], 연자음 뒤에서는 [·ú], 연자음 사이에서는 [·ú·]로 발음된다.

(17) зуб [zúp] 이　　утро [útrə] 아침
путь [pú·t'] 길　　узел [ú·z'ĭl] 매듭
всю [fs'·ú] 모두를
пьют [p'j·út] пить(마시다)의 3인칭 복수형
ключ [kl'·ú·č] 열쇠
плюй [pl'·ú·j] плевать(침뱉다)의 명령법

또한 이 모음은 강세 없는 위치에서 경자음 앞에서는 [ŭ], 연자음 앞에서는 [ŭ·], 연자음 뒤에서는 [·ŭ], 연자음 사이에서는 [·ŭ·]로 발음된다.

(18) мука [mŭká] 밀가루　　куста [kŭstá] куст(관목)의 생격
утечь [ŭ·t'·é·č] 흘러가다　　унять [ŭ·n'·á·t'] 진정시키다
чума [č·ŭmá] 전염병　　клюка [kl'·ŭká] 목발
плюёт [pl'·ŭ·j·ót] 침뱉다
синюю [s'ín'·ŭ·j·ŭ] синий(파란)의 여성 대격

/u/ ── [ú], [ú·], [·ú], [·ú·]
　 ╲ [ŭ], [ŭ·], [·ŭ], [·ŭ·]

7.3 모음 심층형과 발음

7.3.1. 모음 /e/(철자 э, e)의 약화

무강세 음절에서 모음 e는 항상 [ĭ]로 약화된다.

(19) eё [jĭj·ó] 그녀의　　　сестра [s’ĭstrá] 누이
　　серебро [s’ĭr’ĭbró] 은

철자 э는 это형 대명사와 외래어에서만 쓰인다. 이 э는 무강세 음절에서 길이만 약화된다.

(20) экран [ĕkrán] 스크린　　экскурсовод [ĕkskŭrsăvót] 안내자

철자 e와 관련하여 혼동하기 쉬운 것은 이것이 어미에 나타나는 경우이다. 예를 들어 море와 поле의 경우 주격과 대격에서는 각각 [mó·r’·ə]와 [pó·l’·ə]로 발음된다. 그러나 전치격으로서의 море와 поле는 [mó·r’ĭ]와 [pó·l’ĭ]로 발음된다. 철자상으로는 주-대격과 전치격이 둘 다 e로 표기되지만, 실제 발음은 서로 차이가 난다. 두 단어 море와 поле가 단수 주-대격에서 철자 e로 표기되는 것은 그 앞의 자음 р와 л이 각각 연자음 /r’/과 /l’/이기 때문이다. 중성 단수 주-대격 어미는 본래 {-o-}이고, 전치격 어미는 {-e-}이다. 즉, 중성 단수 주-대격 어미의 심층적 형태는 {-o}이고, 전치격 어미의 심층적 형태는 {-e}이다. 따라서 강세가 없는 약음절에서 주-대격의 {o}는 [ə]로, {e}는 [i]로 표면화된다.

주-대격 형태 море와 поле에서 어미가 e로 표기된 것은 연자음 뒤에서 모음 /o/가 모음 /e/로 바뀌게 되는 음운 규칙이 고대 러시아어 시대에

있었기 때문이다.

(21) 주격 전치격

	주격		전치격	
море	{mor'-}+{o}	[mó·r'·ə]	{mor'-}+{e}	[mó·r'ĭ]
поле	{pol'-}+{o}	[pó·l'·ə]	{pol'-}+{e}	[pó·l'ĭ]

7.3.2. **모음** /o/(**철자** o, e)**의 약화**

경자음 뒤에서 모음 o는 약강세 음절에 있는 경우 [ă]로 발음되고, 무강세 음절에 있는 경우에는 [ə]로 발음된다.

(22) нос [nós] 코 носов [năsóf] 코들의
носовой [nəsăvó·j] 코의

연자음 뒤에서는 강세 음절인 경우 철자 ë로 표기되고, 무강세 음절인 경우는 철자 e로 표기된다. 이때 철자 ë는 [o]로 발음되지만, 철자 e는 [ĭ]로 발음된다.

(23) нёс [n'·ós] нести(가져가다)의 남성 과거형
несла [n'ĭslá] нести(가져가다)의 여성 과거형
занесла [zə·n'ĭslá] занести(가지고 오다)의 여성 과거형
нести [n'ĭs't'í] 가져가다

다음 단어들의 발음에서도 연자음 뒤에서 철자 e가 [ə]로 발음되는 것을 볼 수 있다.

(24) воспитание [və·s'p'ĭtá·n'ĭj·ə] 양육

брaтьев [brá·t'j·əf] брaт(형제)의 복수 생격형

сбруей [zbrú·j·ə·j] 마구(馬具)

위 예들에서 어미가 [j·ə], [j·əf], [j·ə·j]로 발음되는 이유는 경자음 어간 대응형 окно [ăknó], столов [stălóf], женой [žўnó·j]에서 찾을 수 있다. 또한 형용사 новое '새로운'는 [nóvə·j·ə]로 발음된다. 이것은 형용사의 중성 단수 주격 어미의 심층 구조형이 {nóv-ojo}의 {-ojo}이기 때문이다. 이러한 사실은 다음과 같은 원칙으로 정리된다.

원칙 17: 문법 어미에서 심층구조형(Underlying Representation)이 {o}인 경우, 철자 e는 음성 규칙을 따르지 않고 문법 정보의 전달을 우선하여 [i]가 아니라 [ə]로 발음된다.

7.3.3. 모음 /a/(철자 a 또는 я)의 약화

강세 음절 바로 앞의 음절이나 어두에서 철자 a는 [ă]로 발음된다. 그 밖의 무강세 음절에서는 [ə]로 약화된다.

(25) окно [ăknó] 창문 барабан [bərăbán] 북

반면 앞 자음이 연자음임을 나타내어 주는 철자 я는 철자 e와 똑같은 음성적 과정을 밟아 무강세 음절에서 [ĭ]로 약화된다.

(26) пяти [p'ĭt'í] 다섯의 пятьдесят [p'ĭd'd'ĭs'·át] 50

철자 я도 철자 e처럼 문법 어미에서는 예외적인 현상을 보이는 경우가 있다. 철자 я를 가진 문법 어미가 강세를 갖지 않는 경우, 이 я는 [ĭ]로

약화되지 않고 [ə]로 발음된다.

(27) деревня [d’ĭr’·évn’·ə] 시골 (*[d’ĭr’·évn’ĭ])
упражнения [ŭpră žn’·é·n’ĭj·ə] 연습 (*[ŭprăžn’·é·n’ĭjĭ])
носят [nó·s’·ət] нести(가져가다)의 3인칭 복수형 (*[nó·s’ĭt])

위 예들에서 어미가 [’·ə], [j·ə], [’·ət]로 발음되는 이유는 어미에 강세를 갖는 대응형 жена [žўná], слова [slăvá], говорят [gəvăr’·át]와의 유추적 관계에서 찾을 수 있다.

그리고 형용사 여성형 новая ‘새로운’는 [nóvə·j·ə]로 발음된다. 이것은 심층 구조형이 {nov-}+{-aja-}, 즉 형용사의 여성 단수 주격 어미의 심층 구조형이 {-aja}이기 때문이다.

모음 철자와 발음의 이러한 관계를 정리하면 다음과 같다.

(28) 모음 음소

1) 강세 아래 : /i/ /u/
/e/ /o/
/a/

2) 무강세 아래: /i/ /u/
/a/

과제

1. 다음의 시를 감상해 보시오. 그리고 발음기호와 음소기호로 표기해 보시오.

На бугре́ берёза - све́чка
В лу́нных пе́рьях серебра́.
Выходи́, моё серде́чко,
Слу́шать пе́сни гусля́ра.

С. Есенин

2. 다음의 음소 표기를 러시아어로 옮기시오.
   1) /i pam’inútna/
   2) /lóšit’ stupála naudáču/
   3) /to vz’jižžála nasugróp/
   4) /to pravál’ivalas’ v’jámu/
   5) /vlad’ím’ir ačut’íls’a fpól’i/
   6) /sán’i pam’inútna aprak’ídival’is’/
   7) /p’ir’is’ičónnim glubók’im’i avrágam’i/
   8) /n’ipat’ir’át’ nastajáščiva napravl’én’ija/
   9) /što on pam’inútna bil pópajis fs’n’igú/
   10) /i naprásna xat’él snóva papás’t’ nadarógu/

3. Гёте /g’ót’e/의 경우에서처럼 연구개 연자음 /g’, k’, x’/와 후설 모음 /a, o, u/가 결합하는 단어들을 찾아보시오.

4. 발음현상을 올바르게 설명하기 위해서는 심층형을 찾는 것이 중요한 경우가 있다. 다음 예시어들의 심층형을 찾아보시오.

1) бра́тьев 2) сбру́ей
3) но́вое 4) нести́
5) несла́ 6) но́сят
7) по́ле [주격] 8) мо́ре [전치격]

제 8 장

강세와 억양

주요개념

- 강세(ударение): 자유 강세(подвижное, свободное ударение)
  고정 강세(неподвижное ударение)
- 억양 구조(интонационная конструкция)
- 초분절적 요소(a suprasegmental element)

8.1 러시아어 강세

8.1.1. 강세의 종류

말소리는 크게 분절적 요소(a segmental element)와 초분절적 요소(a suprasegmental element)[5]로 나뉜다. 분절적 요소는 자음과 모음처럼 개별적으로 분류되어지는 것을 말한다. 이러한 분절적 요소들은 서로 결합하여 음절을 이루고 음절들이 모여 음의 높낮이 패턴을 형성하게 된다. 이 때 한 단어 내에 혹은 하나의 발화 단위 내에 포함되어 있는 음절들이 리듬을 형성하는 것을 강세라고 한다. 강세는 자음, 모음과 달리 초분절적 요소로서 음절 단위보다 상위 단계에서 작용한다. 초분절적 요소로서의 강세는 음운적으로 어휘의 특정 음절을 두드러지게(prominent) 함으로써 의사소통을 원활하게 하는 기능을 한다.

5) 초분절적 요소라는 용어에서 '초(超)'라는 의미는 분절음보다 더 높은 위치에 있다는 의미보다는 '분절음 밖에 있다' 혹은 '분절음과 다른 요소이다'라는 의미를 갖는 것이다. 이런 이유로 학자에 따라서는 이 용어를 '비분절적 요소'라고 부르기도 한다.

강세는 부여되는 형식에 따라 자유강세(подвижное, свободное ударение)와 고정강세(неподвижное ударение)로 나뉜다. 고정강세란 어휘의 특정 위치에 규칙적으로 강세가 부여되는 것을 말한다. 반면에 자유강세는 강세의 위치가 단어 내에 지정되어 있지 않아서 단어의 강세를 예측할 수 없다. 따라서 이 경우에는 단어의 강세도 단어와 함께 암기를 해야 한다. 언어는 유형에 따라 자유강세와 고정강세 언어로 구분되는데, 몇몇 슬라브어의 경우에는 고정강세를 가진다. 예를 들어 슬라브어 중에서 폴란드어는 어휘의 끝에서 두 번째 음절에 강세가 오고, 체코어는 어두 첫 음절에 강세를 가진다. 반면에 러시아어나 영어는 자유강세를 가지고 있어서 단어 내 강세 위치를 예측하기가 어렵다. 그 이유는 이 언어에서 강세가 음운적 요인에 의해 결정되기보다 형태적 요인에 의해 지배를 받기 때문이다.

러시아어에서 강세의 위치는 매우 중요하다. 앞 장에서 보았듯이, 강세의 유무에 따라 모음의 성질이 달라지기 때문이다. 이 외에도 러시아어는 강세가 있는 모음과 강세가 없는 모음의 길이가 서로 다르게 나타난다.

8.1.2. 강세와 박자

러시아어에서 강세가 일반적 의미의 '강약'을 구현하지는 않는다. 러시아어의 강세는 고전적 명칭일 뿐이다. 물론 강세가 없는 음절은 강세가 있는 음절보다 약하게 발음되기는 하지만, 기본적으로 현대 러시아어에서 강세는 '세기'가 아니라 '장단'이라는 길이의 개념으로 나타난다. 따라서 강세가 없는 음절의 모음들은 강세가 있는 음절의 모음에 비해 상대적으로 길이가 짧게 발화된다.

모음의 길이, 즉 박자는 상대적 개념이다. 강세가 없는 모음들은 강세를 가진 모음보다 상대적으로 짧게 발음된다. 또한 강세가 없는 모음 가운데에서도 길이의 차등이 적용된다. 즉, 강세 바로 앞에 있거나 모음으로 시작되는 어휘의 첫 모음은 상대적으로 강세 음절 뒤에 오거나 강세 음절에서 1 음절 이상 떨어진 모음보다 길게 발음된다.

(1) a.	носи́ть ♩ 𝅗𝅥	ношу́ ♩ 𝅗𝅥	но́сишь 𝅗𝅥 ♪	
b.	де́ло 𝅗𝅥 ♪	неде́ля ♩ 𝅗𝅥 ♪		понеде́льник ♪ ♩ 𝅗𝅥 ♪
c.	у́читься 𝅗𝅥 ♪ ♪	учи́тель ♩ 𝅗𝅥 ♪		
d.	яйцо́ ♩ 𝅗𝅥	яи́ц ♩𝅗𝅥	яи́чный ♩𝅗𝅥 ♪	
e.	го́род 𝅗𝅥 ♪	огоро́д ♩ ♩ 𝅗𝅥	городно́й ♪ ♩ 𝅗𝅥	огороди́ть ♩ ♪ ♩ 𝅗𝅥

위의 예에서 볼 수 있는 것처럼 동일한 어근이나 동일한 음절을 가지고 있는 단어들에서 강세의 위치는 서로 다르게 나타날 수 있고, 강세 음절과의 거리에 따라 무강세 음절의 길이도 다르게 나타난다. 즉, 동일한 무강세 음절이라 해도 강세 앞 첫 음절의 길이는 강세 뒤의 모음이나 강세에서 멀리 떨어진 모음의 길이보다 길다. 그러나 (1-e) огоро́д의 첫 음절 /o/에서 볼 수 있는 것처럼, 강세 모음보다 두 음절 이상 떨어진 음절이라 하더라도 그 단어가 모음으로 시작하는 단어라면, 강세의 길이가 그다지 짧아지지 않는다.

(2)	яйцерожде́ние ♪ ♪ ♩ 𝅗𝅥 ♪♪	едини́ца ♪ ♩ 𝅗𝅥 ♪	юбиле́й ♪ ♩ 𝅗𝅥

철자 я, е, ю로 시작되는 어휘에서는 모음 앞에서 자음 [j]가 발음되므로 예 (2)에서와 같이 그 뒤의 모음들은 약화되어 짧게 발음된다.

8.1.3. 음소적 강세

러시아어의 음소 체계에서 마지막으로 제기되는 문제는 강세가 음소로 인정될 수 있는가 하는 것이다. 이것을 입증하기 위해서는 강세에 관한 최소 대립쌍이 형성되어야 한다.

(3) мука /muká/ 밀가루 /múka/ 고난
парить /par'ít'/ 비상하다 /pár'it'/ 찌다
пищу /p'iššú/ 짹짹거리다 /p'íššu/ 식품

위의 예들은 강세에 따라 의미가 바뀌는 것을 보여준다. 위와 같이 강세에 의한 완벽한 최소 대립쌍을 만들 수 있다는 점에서 강세는 러시아어의 음소 체계에서 독립적인 음소로 인정된다. 따라서 러시아어 모음의 장-단음성은 독립적인 음소인 강세에 의해 예측될 수 있는 이음으로 간주된다.

8.2 러시아어 억양

초분절적 자질에는 길이, 세기, 높낮이가 있다. 러시아어에서 강세가 실이의 문제라면, 억양은 높낮이의 문제이다. 음의 높낮이는 단어 내에서 실현이 되는 경우와 구나 문장과 같은 발화 단위에서 실현되는 경우가 있다. 이 중에서 단어 내에서 실현되는 경우를 성조(тон, tone)라 하고, 구나 발화 단위에서 실현되는 경우를 억양(интонация, intonation)이라 한다.

억양은 강세와 마찬가지로 초분절적 요소로 강세보다 상위 단계에서

의사 소통의 기능을 수행한다. 초분절적 자질들은 분절 자질만으로 나타낼 수 없는 화자의 태도나 감정을 나타낼 수 있다. 구문적 측면에서 러시아어 문장은 화제(тема)와 정보(рема)에 의해 구분된다. 화제는 화자가 말하고자 하는 의도이고, 정보는 화자가 알리고자 하는 내용이다. 주어와 서술어, 부사어의 위치가 비교적 자유로운 어순을 가진 러시아어에서 억양의 역할은 어느 다른 언어보다도 중요하다. 화제와 정보로 구분되는 분절문에서 화자의 의도는 음조의 높이를 바꾸는 억양 구조에 의해 분명해진다.

(4) a)

Конференция прошла удачно.
(회의 진행은 성공적이었다)

Организовал наш профессор.
(조직한 사람은 우리 교수였다)

b)

Что его интересует?
(그는 무엇에 관심이 있습니까?)

Его интерсует красивая девушка?
(그가 관심이 있는 것은 예쁜 아가씨니?)

기능적 분절의 관점에서 (4-a)의 두 문장은 각각 '주어부+술어부'와 '술어부+주어부'의 순서로 이루어져 있다. 첫 번째 문장은 회의의 진행이 어떠했는가를 전달하는 구문으로 부사 удачно가 рема에 해당하며, 두 번째 문장은 회의를 조직한 인물에 대해 전달하는 것으로 행위자인 наш профессор가 рема가 된다. 그리고 이 두 문장에서는 모두 рема에 해당하는 어구에 ИК-1의 억양 중심이 주어져 화자의 의도를 보다 분명히 전달해 준다.

(4-b)의 두 문장은 의문사 что로 시작하는 의문문과 의문사 없는 의문문을 비교해 보여주고 있다. 먼저 첫 번째 의문사 있는 의문문에서는 화자의 의문이 의문사 что에 의해 전달되므로 의문사 부분이 단정적으로 떨어지는 ИК-2의 억양 구조를 보여준다. 그러나 의문사 없는 의문문에서는 ИК-3의 억양 중심의 위치에 따라 화자의 의문이 상대방에게 전달되며 위의 문장에서는 화자의 의도가 "그가 관심이 있는 것이 다른 어떤 것이 아닌 예쁜 아가씨인지"를 알아보는 것이므로 красивая девушка에 ИК-3의 억양 중심이 위치하게 되는 것이다.

이와 같이 러시아어는 평서문과 의문문을 구별하는 주요 기능을 억양이 담당하고 있다. 아래의 예문들은 모두 동일한 분절음 연쇄로 되어 있지만 각각의 억양 패턴에 따라 의미가 다르게 나타나는 예를 보여주고 있다. 두 번째부터 네번째까지 굵게 표시된 부분은 억양을 높이는 부분을 나타낸 것이다.

(5) a) Друг читает книгу.

b) Друг читает книгу? (친구가 읽고 있는 게 책이니?)

c) Друг читает книгу? (친구가 책을 읽고 있니?)

d) Друг читает книгу? (책을 읽고 있는 사람이 친구니?)

먼저 첫 번째에 나타난 평서문은 중립적인 문장으로 "친구가 책을 읽고 있다"는 전체적인 정보를 전달해 준다. 이에 반해 위의 세 의문문 문장들은 억양의 위치에 따라 서로 다른 의미를 나타낸다. 즉 첫 번째 질문에서는 книгу에 강조점을 두어 친구가 읽고 있는 게 '책'인지 묻고 있다. 반면에 두 번째 질문에서는 동사 читает에 강조점을 두어 친구가 책을 읽고 있는지 '행위'를 묻고 있다. 그리고 세 번째 질문에서는 друг에 강조를 두어 책을 읽고 있는 사람이 '친구'인지 묻고 있다.

또한 러시아어의 да 라는 하나의 단어를 가지고도 억양의 변화를 통해서 화자의 의도를 다르게 전달할 수도 있다.

(6) a. Наташа[3] поёт?[1] - Да, Наташа поёт.[1]

b. Ты Анну видел,[2] да?[3]

c. Ты Анну видел,[2] да?[3] - Да![7]

(6-a)와 같이 어떤 질문에 대한 긍정적인 대답으로서의 да는 보통 ИК-1의 구조로 나타나지만, (6-b)에서와 같이 "그래?"라는 반문의 의미로 사용될 때에는 의문사 없는 의문문에서처럼 ИК-3의 억양 구조를 채택하게 된다. 또한 부정적인 뉘앙스의 "그래?!"와 같은 표현이나 (6-c)와 같이 강한 확인을 나타내는 "그래!" 구분은 ИК-7의 억양 구조를 가지게 된다.

이와 같이 억양은 러시아어에서 화자의 의도를 전달하는 데 중요한 역할을 한다. 이에 대해 Брызгунова 교수는 어떤 특정한 의미를 부가하지 않은 중립적인 발화의 억양 구조(интонационная конструкция, 줄여서 ИК)를 일곱 가지로 유형화하고 있다. 다음은 러시아어의 기본 억양 구조와 그 억양 구조로 표현되는 주요 문장 유형과 발화 목적이다.

8.2.1. 첫 번째 유형(ИК-1)

ИК-1은 하강조로서 평서문에서 발화가 종결되는 상황을 제시한다. 그리고 그 억양 중심이 어디에 오느냐에 따라서 발화의 의미가 달라진다. 예를 들어 Машина у Павла.의 문장은 ИК-1의 억양 중심의 위치에 따라 다음과 같이 서로 다르게 해석될 수 있다.

1
(7) a. Машина у Павла.

1
b. Машина у Павла.

위 발화 문장 (7-a)는 자동차의 '존재(наличие)'를 나타낸다. 억양 구조의 중심이 Павел에 놓이는 것은 '소유주(обладатель)'의 강조를 뜻한다. 반면 문장 (7-b)에서는 존재의 '대상'이 강조되는 것으로서 존재 사실은 확인 정도의 의미밖에 갖지 않는다.

8.2.2. 두 번째 유형(ИК-2)

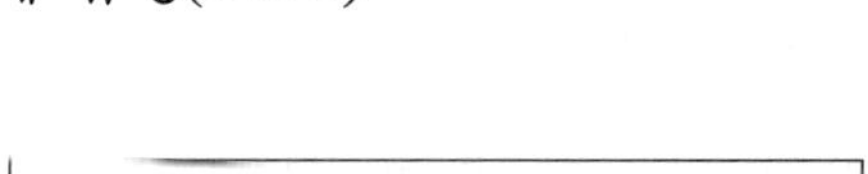

ИК-2는 단정적인 어조의 하강조로서 의문사로 시작되는 의문문에서 구사된다.

        2
(8) - Когда́ вы приезжа́ете?

  1   1
- Завтра. В де́сять утра.

위의 문장에서 의문사 Когда로 시작하는 의문문에서는 의문사 부분의 억양 중심이 높은 데서 하강조로 떨어지는 ИК-2의 억양 구조를 갖는다. 그에 대한 대답에서는 문장의 마지막 단어에서 억양 중심이 하강하는 ИК-1의 억양 구조가 나타난다. 또한 ИК-2는 다음과 같이 명령이나 요구, 충동과 같은 의지를 표현하는 문장이나 선택적 의문문에서도 나타난다.

          2
(9) Проходите!

     2
Не держивайтесь!

                 3   2
Он придёт в пятницу и́ли в четверг?

또한 ИК-2의 억양 구조는 급격한 하강조를 특징으로 하므로 неужели로 시작하는 놀라움을 표현하는 문장이나 даже, уже, только, же 등과 같이 의미를 강조하는 소사가 있는 문장에서도 사용된다.

          2   (1)
(10) Неужели э́то правда?

                    2
Все бы́ли в теа́тре. Даже Ваня был.

 2
Вот и снег выпал! Вот уже́ и зима!

그리고 상대방의 주의를 환기시키기 위해 이름을 부를 때에도 다음과 같이 ИК-2의 구조가 사용된다.

2
(11) Глубокоуважáемая Елéна Васильевна! Не могý вы́разить, до чегó мне у вас хорошó!

8.2.3. 세 번째 유형(ИК-3)

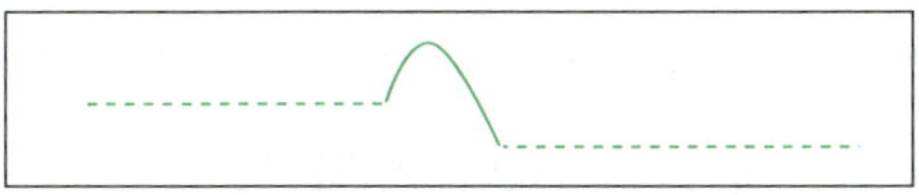

ИК-3은 발화가 지속된다는 전제를 내포한 비종결 구문에서 나타난다. 상승조로 시작하여 하강조로 매듭을 짓는 이 유형은 러시아어에서 의문사 없는 의문문을 특징짓는 억양 구조이며 선택적 의문문에서 사용되기도 한다. 또한 단어 можно가 사용되는 문장에서도 이 억양 구조가 나타난다.

3
(12) Вы вчерá были в театре?

3
Закройте дверь!

3
Можно я пойдý в кинó?

특히 의문사 없는 의문문에서는 ИК-3의 억양 중심이 어디에 오는가에 따라 화자의 의도가 전달된다.

3
(13) а. - Вы были в Москве?

1 1 1
- Да, я. (Я был в Москве.)

3
b. - Вы были в Москве?

1 1 1
- Да, был. (Я был в Москве.)

3
c. - Вы были в Москве?

1 1 1
- Да, в Москве. (Я был в Москве.)

따라서 답변에서는 (13)의 경우와 같이 그 억양 중심이 되는 어휘가 질문에 대한 올바른 대답으로 선택되어야 한다.

ИК-3은 명령형에서도 나타난다. 이 때 ИК-3이 사용되는 명령문은 일반적으로 명령문 구문에서 사용되는 ИК-2와 비교해 볼 때 다음과 같이 뉘앙스에서 차이가 난다.

(14)

ИК-2	ИК-3
명령(категорично)	정중(вежливо,мягко)
 Пожалуйста!  Закройте дверь!	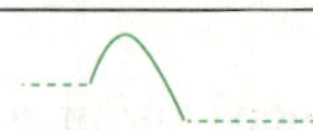 Пожалуйста!  Закройте дверь!

8.2.4. 네 번째 유형(ИК-4)

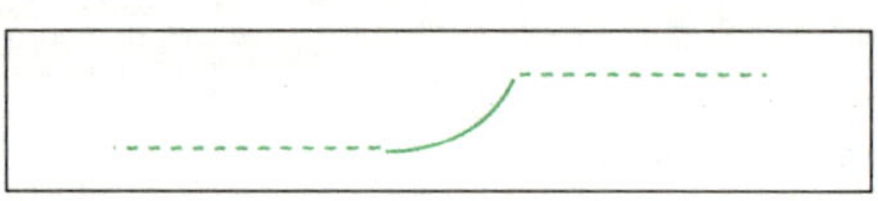

ИК-4는 어조가 상승하는 도중에 발화가 끝나는 불완전한 상황의 억양

을 형성한다. 이 유형은 일상 대화체에서 구성 성분이 생략된 채 진행되는 불완전한 발화에서 의문을 나타내는 데 많이 활용된다. 특히 (15-a)와 같이 접속사 а로 시작하는 의문문에서 많이 사용된다. 또한 이 억양 구조는 (15-b)에서처럼 요구문이나 (15-c)와 같은 명령문에서 사용될 수 있다. 명령형에서 사용되는 경우에는 보다 더 공식적인 뉘앙스나 허가의 의미가 강조된다.

(15) a. - Они́ уже́ прие́хали.

　　　　4
- А Наташа?

　　4　　　　　　4
b. Ваш паспорт? Ваш билет?

　　4　　　　4
c. Проходите! Садитесь!

8.2.5. **다섯 번째 유형**(ИК-5)

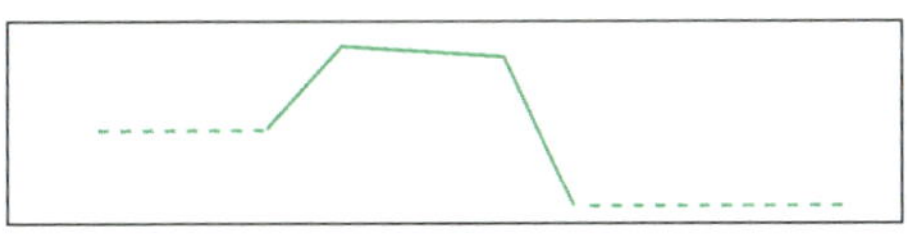

ИК-5는 비종결 구문에서 감탄이나 영탄적 감정을 드러낼 때 활용된다. 이 유형은 어조가 상승조로 올라갔다가 하강조로 떨어지는 점이 ИК-3과 유사하나 상승된 어조가 바로 떨어지지 않고 어느 정도 지속된다는 점에서 구별된다.

　　　　　5
(16) a. Какая хоро́шая пого́да!

5
b. Хоть бы ты с ним поговори́ла!

5
c. Почему ты опозда́л?!

이 억양 구조는 (16-b)와 같이 바램이나 유감의 의미를 강조할 때에도 사용되며, (16c)에서처럼 의문사 있는 문장에서 불만이나 불쾌함을 표현하기도 한다.

8.2.6. **여섯 번째 유형**(ИК-6)

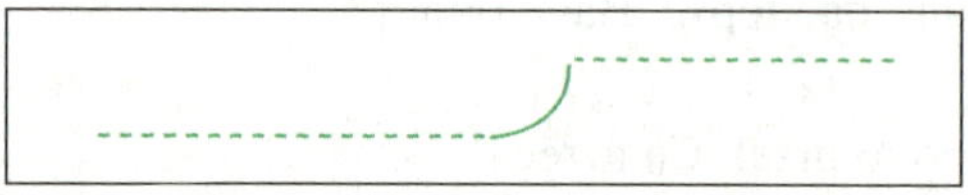

ИК-6은 (17-a)와 같이 일상 발화에서의 감정을 표현하는 감탄문이나 (17-b)에서처럼 망설임을 나타내거나 생각을 필요로 하는 의문문에서 주로 사용된다.

(17)
6 6
a. Како́й суп! Кака́я книга!

6
Этот фильм тако́й скучный!

6
b. Куда я положи́л ключи́?

6
Зачем он туда́ пое́хал?

8.2.7. **일곱 번째 유형**(ИК-7)

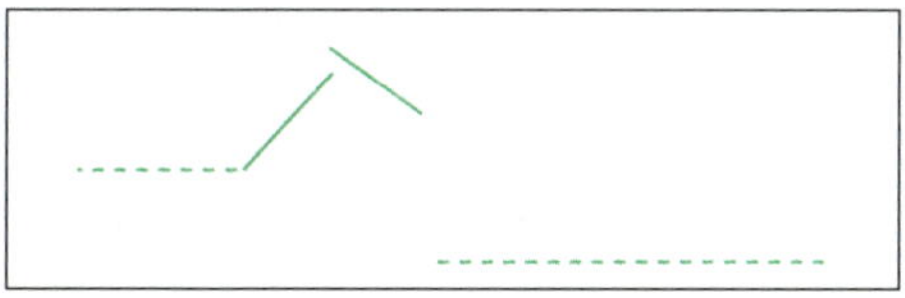

ИК-7은 ИК-6과 마찬가지로 연극적 요소가 강한 억양으로 감정을 강하게 드러내는 감탄문에서 주로 활용된다. 그러나 ИК-7은 ИК-6보다 주관성이나 평가의 뉘앙스가 더 확실하게 드러난다는 점에서 구별된다. 따라서 일반적인 감탄문에서 ИК-6이 ИК-5보다 더 높은 정도의 감탄을 나타낸다면, ИК-7은 화자의 감정이 들어간 부정적인 뉘앙스를 표현하는 경우가 일반적이다.

(18)
　　6
- Какой суп! (수프가 참 맛있구나!)

　　7
- Какой суп! (수프 맛이라곤!)

이러한 러시아어 억양 구조를 도표로 정리하면 다음과 같다.

СВОДНАЯ ТАБЛИЦА ИНТОНАЦИОННЫХ КОНСТРУКЦИЙ

(нейтральные реализации)

Типа ИК	Соотношение предцентровой-центра-постцентровой частей			
ИК-1	Здесь.	Здесь остановка.	Это пятый автобус.	Вот университет.
ИК-2	Кто?	Кто там стоит?	Кто там стоит?	Кто там стоит?
ИК-3	Здесь?	Здесь остановка?	Это пятый автобус?	Она поет?
ИК-4	Ващ?	Ваш билет?	А пятый автобус?	А университет?
ИК-5	——	Кан она танцует!	Замечательный голос!	настояшая весна!
ИК-6	Сок!	сок вкусный!	какой сок вкусный!	Какой вкусный сок!
ИК-7	Да!	Грубый ты!	Когда это будет?	Хорошо!

(Брызгунова, 1977: 120-121)

과제

1. 다음 낱말들의 강세형을 멜로디로 나타내어 보시오.

   1) достопримеча́тельность

   2) прямолине́йность

   3) благообра́зность

   4) ничто́жность

   5) общи́тельность

   6) удиви́тельность

   7) импровиза́торство

   8) до́кторство

   9) собира́тельство

   10) превосходи́тельство

2. 억양 구조에 유의하여 다음 시를 읽어보시오.

            1
Зима́ недаром зли́тся, /
        1
Прошла её пора́ - /
      1
Весна в окно́ стучи́тся /
  1
И гонит со двора́.

                  1
И всё засуетилось, /
                        1
Всё ну́дит Зи́му вон, /

1
И жаворонки в нéбе /

1
Уж подняли трезвóн.

(Ф. Тютчев)

3. ИК에 주의하여 읽으면서 뉘앙스의 차이를 설명해 보시오.

2 2 2 2
1) Наташа! Здравствуй! Какáя неожиданность! Как хорошо!

2 2
Неужели приéхала! Вот рáдость!

2 2
2) Посмотрите! Наташа приéхала!

2 2 2
3) - Вот книга! Возьми её! Читáй внимательно!

2 2
- Спасибо! я обязательно прочитáю.

3
4) Он пришёл? - нет, ещё не пришёл.

3
5) Открой дверь! Здесь так дýшно!

3 2
6) - Он приéдет вечером / ѝли утром?

1
- Вечером.

1
7) - Я люблю́ ходѝть в Большóй театр.

4
- А в Малый?

1
- В Мáлый тоже.

4 4
8) Осторожно! Пóезд отправляется.

4 1
Слéдуюшая станция / <Университет>.

4. 억양 구조에 유의하여 다음 시를 읽어보시오.

2
Но сли́шком рано твой уда́рил час.

1
И ве́щее перо из рук упа́ло.

5
Какой свети́льник ра́зума уга́с!

5
Какое се́рдце би́ться переста́ло! (Н. Некрасов)

5. 본 단원에서 제시된 것 이외에 강세에 관한 최소 대립쌍을 한 쌍씩 찾아 보시오.

제 9 장

차용어 현상

주요개념

- 외래어(иностранные слова)
- 차용어(заимствованные слова)
- 모음약화(редукция гласных)
- 연자음화(палатализация)

9.1. 외래어의 발음

현대 언어에서는 새로운 어휘를 필요로 할 때 해당 언어 체계 내에서 새로운 어휘를 만들기보다 다른 언어에 존재하는 어휘를 차용해 오는 경우가 많다. 이 경우 대부분의 차용어는 차용하는 언어의 음운 구조나 형태 구조에 맞게 변형된다. 이것은 단시간에 이루어지는 것이 아니라 오랜 시간에 걸쳐 자연스럽게 그 언어에 동화되면서 일어나는 변화이다.

러시아어의 мотоцикл은 영어 motorcycle에서 철자 차용된 것이며, 영어 text는 러시아어 текст로 음성 차용되었다. 이렇게 차용된 단어는 그 언어에 존재하는 음운 규칙을 따르게 된다. 따라서 영어 motorcycle [móutərsáikl]은 러시아어에서 [mətăcýkl]로, 영어 text [tekst]는 러시아어에서 [t'ékst]로 발음된다. 러시아어에서 강세 없는 모음 /o/는 [ă]와 [ə]로 약화되고, 전설모음 /e/ 앞의 자음은 연자음화를 일으키기 때문이다. 그러나 러시아어에 유입된 외래어에 러시아어의 모든 발음 규칙이 적용되는 것은 아니다.

러시아어의 특징적인 발음 현상으로는 모음약화와 연자음화를 들 수 있다. 러시아어에서 강세 없는 모음 /o/는 [ă]나 [ə]로 발음되고, 강세 없는 모음 /e/와 /a/는 연자음 뒤에서 [ĭ]로 발음된다. 또한 러시아어의 자음은 연자음 표시 모음 철자 я, е, ё, ю, и, 그리고 연자음을 나타내 주는 부호 ь 앞에서 연자음으로 발음되어야 한다. 그러나 러시아어로 유입된 많은 외래어들은 이러한 발음 규칙을 지키지 않는다.

9.2. 모음약화의 부재

러시아어 모음의 발음은 강세의 유무에 따라 결정된다. 즉, 강세 있는 모음은 강세가 없는 다른 모음들과 비교해서 강도가 크고 길이가 길며, 음질(качество)의 변화를 일으키지 않는다. 그러나 강세가 없는 모음은 강세 모음에 비해 상대적으로 강도가 약하고 길이가 짧으며 음질의 변화를 일으키기도 한다. 이러한 모음 발음 규칙은 러시아어뿐만 아니라 다수의 차용어들에 대해서도 동일하게 적용된다.

(1) телефóн, телеви́зор, метрó, абсолю́тный, профéссор, социали́ст

위의 단어들은 차용된 시기나 근원어가 다르지만 모두 러시아어에 차용된 외래어이다. 그러나 이들 단어들은 러시아어에 완전히 동화되어 러시아어의 발음 규칙이 적용된다. 따라서 телефóн은 [t'ĭl'ĭfón]으로, телеви́зор는 [t'ĭl'ĭv'ízər]로, метрó는 [m'ĭtró]로 발음된다. 즉, 강세 없는 모음 /e/가 [ĭ]로 발음되는 것이다. 또한 강세 없는 /o/는 강세 모음 앞 음절에서는 [a]로, 그 외의 위치에서는 [ə]로 발음되어 абсолю́тный는 [ăpsăl'·útnўj]로, профéссор는 [pră·f'·ésər]로, 그리고 социали́ст는 [səcўăl'ist]로 발음된다.

그러나 러시아어에 차용된 다음의 단어들을 읽어보자.

(2) оте́ль, боа́, ра́дио, досье́, по́нчо, бизнесме́н

강세 없는 모음 /o/는 [ă] 또는 [ə]로 발음되어야 하므로 러시아어 발음 규칙이 적용된다면 оте́ль은 *[ă·t'é·l']로, боа́는 *[băá]로, досье́는 *[dă·s'j·é]로, по́нчо는 *[pónč·ə]로 발음되어야 할 것이다. 자주 사용되는 단어 ра́дио 역시 *[rá·d'ĭə]로 발음되어야 한다. бизнесме́н에서도 /e/를 [ĭ]로 약화시키는 원칙이 적용된다면 *[b'ĭz'n'ĭs'm'én]이 되어야 한다. 그러나 이 단어들은 각각 [ŏtɛ́·l'], [bŏá], [dŏ·s'j·é], [pónč·ŏ], [rá·d'ĭŏ]와 [b'ĭznɛsmɛ́n]으로 발음된다. 즉, 러시아어의 모음약화 원칙이 적용되지 않는 것이다.

원칙 18. 외래어에서는 동화 정도에 따라 모음약화 원칙이 적용되지 않을 수 있다.

그러나 모음약화 원칙의 적용 여부가 차용어의 동화 정도에 따라 규칙화되어 있는 것은 아니다. 따라서 외래어 단어의 발음에 대해서는 보다 신중한 주의를 기울일 필요가 있다.

9.3. 연자음화의 미적용

차용어 음운론을 이야기할 때 자주 언급되는 것 중의 하나는 러시아어의 절대적인 발음 규칙인 연자음화가 적용되지 않는 경우가 많다는 점이다. 연자음화란 연자음 표시 모음 철자 я, е, ё, ю, и, 그리고 연자음을 나타내 주는 부호 ь 앞에서 모든 자음이 연자음으로 발음되어야 한다는 것이다. 이러한 발음 규칙은 특히 치음 /t/와 /d/에 큰 변화를 야기한다. 즉, 치음 /t/와 /d/가 이들 모음이나 부호 앞에 올 때 치경구개음 또는 구개음으로 바뀌게 된다. 이러한 음운 현상은 한국어의 '굳이'가 [구지]로 발음되는 것처럼 많은 언어들에서 나타나는 현상이다.

러시아어에 유입된 차용어들도 이러한 발음 현상에 동화되어 연자음화를 일으킨다. 아래의 단어들은 연자음화가 일어난 차용어이다.

(3) тéма, дéмон, тéкст, телеви́зор, телефóн, рáдио …

이들 단어들은 연자음화를 일으켜 모음 [e]와 [i] 앞에서 자음이 모두 연자음으로 발음된다. 따라서 тема는 [t'·émə]로, демон [d'·émən]으로, текст는 [t'·ekst]로 발음된다. 그리고 앞에서 살펴본 것처럼 телевизор, телефон, радио의 자음도 모두 연자음으로 발음된다.

그러나 동일한 차용어인 다음의 단어들은 모두 전설모음 앞에서 연자음화되지 않는다.

(4) компьютер [kămp'j·útɛr], теннис [tɛ́·n'ĭs]
бутерброд [bŭtɛrbrót], модель [mădɛ́·l']
отель [ŏtɛ́·l'], Интернéт [ĭntɛrnɛ́t]
критерий [kr'ĭtɛ́·r'ĭj]

위의 예들이 보여주듯이, 상당수의 외래어들은 전설모음 앞에서 연자음화를 일으키지 않는다. 이것은 차용어가 유입된 시기나 경로 등과 관련이 있다. 이러한 어휘들은 아직 순전한 러시아어로 동화되지 않은 것들로 분류할 수 있다. бизнесмен [b'ĭznɛsmɛ́n], кофе [kófɛ]도 아직 러시아어화되지 않은 대표적인 어휘들이다.

원칙 19. 동화 정도에 따라 외래어에서 연자음화 발음 규칙이 제한될 수 있다.

이와 같이 연자음화의 적용이 제한되는 것을 단순히 러시아어에 미처 동화되지 않은 차용어들만의 특징이라고 생각할 수도 있다. 그러나 약 300년 전에 독일어에서 러시아어로 차용된 단어 бутербро́д의 경우 아직까지도 연자음화가 적용되지 않고 경자음으로 발음되고 있다는 사실은 그러한 설명이 미흡하다는 것을 보여준다. 일반적으로 연자음화 현상이 있는 언어들에서는 모음 /i/ 앞에서 반드시 연자음화 현상이 나타나지만, 그 외의 다른 전설모음들의 경우에는 연자음화를 일으키지 않는 경우가 발생한다. 러시아어 차용어의 경우에도 전설모음 /i/ 앞에서는 절대적으로 연자음화가 발생하지만, 그 외의 전설모음 앞에서는 많은 예외가 발생하므로 주의를 기울여야 한다. 또한 상당수의 경우에 бизнесмен [b'ĭznεsmέn], Интерне́т [ĭntεrnέt]에서와 같이 연자음화가 발생하지 않은 단어들에서 모음약화 역시 적용되지 않는 경우가 나타난다. 그러나 이러한 현상은 단순한 경향(тенденция)으로서 규칙화하기는 어려운 면이 있다.

과제

1. 다음은 모음약화가 일어나지 않는 외래어들이다. 모음의 발음에 주의하여 읽어보시오.

   óпера, кафетéрий, лáзер, мéнеджер, нóнсенс, тендéнция

2. 다음은 연자음화가 일어나지 않는 외래어들이다. 밑줄친 부분의 발음에 주의하여 읽어보시오.

детéктив	идентифици́ровать	и́ндекс	интервáл
интервью́	интернационáл	интерьéр	кафетéрий
кибернéтика	коктéйль	контéйнер	купé
критéрий	майонéз	мéнеджер	мотéль
нóнсенс	партéр	потенциáл	при́нтер
сви́тер	си́нтез	стюардéсса	тéзис
тембр	тендéнция	тест	туннéль
шоссé			

3. 다음은 연자음화가 일어나는 발음과 연자음화가 일어나지 않는 발음이 모두 표준 발음으로 인정되는 단어들이다. 읽어보시오.

декáн	дéльта	депрéссия
дефи́с	инéртный	энéргия

제 10 장

소리와 형태의 관계

주요개념

- 출몰모음(беглые гласные)
- 약화모음(редукированные гласные)
- 어휘부(лексикон)
- 형태음운 규칙

10.1 출몰모음

출몰모음(беглые гласные, fleeting vowels)이라는 용어는 학문적인 용어는 아니다. 문법적 활용 과정에서 일어나는 현상을 편의적으로 붙인 것이다. 현대 러시아어에서 이 현상이 일어나는 동기는 음성학적인 것이 아니라 형태적인 것이다. 그러나 문법적 활용 과정에서 출몰모음 때문에 자음 중복이 일어나기도 하며 그로 인해 자음동화가 발생한다. 따라서 이러한 음운 현상을 이해하기 위해서는 출몰모음에 대한 이해가 필요하다.

출몰모음 현상이 발생하게 된 음성적 원인은 역사적으로 살펴보아야 한다. 고대 러시아어에서 ъ와 ь는 초단모음(超短母音)이기는 하지만 고유의 음가를 가지고 있었다. 그리고 이 모음을 일반적으로 약화모음(редукцированные гласные)이라고 부른다. 그러나 이 모음들은 길이가 너무 짧아 단독적인 모음의 위치를 유지하기 어렵게 되어 점차 탈락하게 되었다. 하지만 약화모음들이 연속해 있는 경우 이 모음들이 없어지면 자음만 남게 되어 음절 구성이 어렵거나 자음이 겹치게 되므로 이런 경우 앞에 위치한 약화모음은 완전한 모음으로 승격되어 음절을 유지할 수 있었다. 이런 이유로 약화모음은 10세기와 12세기 사이에 다른 모음으로 전환하든가 탈락하는 현상이 계속되었다. 즉, 결과적으로 약화모음 ъ와 ь가 다른 모음 앞에 있으면 탈락하고, 동일한 약화모음 ъ와 ь의 앞에 약화모음이 있으면 앞쪽의 약화모음은 모음 /o/나 /e/가 되었다. 예를 들어 '꿈'이라는 단어 сънъ에서 첫 번째 약화모음은 완전모음 o가 되고 두 번째 약화모음은 탈락되어 сон이 되었으며, 마찬가지로 отьць '아버지'는 отец가 되었다. 이러한 현상은 매우 체계적으로 일관되게 일어났다.

(1)

단수 주격	단수 생격
дьнь → день	дьня → дня
сънъ → сон	съна → сна
заьмъ → заем	заьма → займа

단수 주격	복수 생격
лодъка → лодка	лодъкъ → лодок
окъно → окно	окънъ → окон

이것은 어휘의 형태적 구조에도 영향을 미쳤다. 약화모음의 탈락은 어휘의 어근 또는 어간을 바꾸는 결과를 가져왔을 뿐만 아니라 어휘의 음절 수까지 바꾸었다.

(2) лодъка → лодка : 3음절 → 2음절
лодъчька → лодочка : 4음절 → 3음절
събьрати → собрать : 4음절 → 2음절
събирати → сбирать : 4음절 → 2음절

또한 이 현상은 전치사의 구조에도 변화를 가져왔다.

(3) къ мънѣ → ко мне

съ мънoю → со мною

въ съне → во сне

원래 러시아어는 CV구조를 기본으로 하는 열린 음절의 언어였다. 그리고 전치사는 자음(C) + ъ의 구조로 구성되었다. 그런데 약화모음의 탈락으로 뒤의 ъ가 탈락되어 к, в, с와 같이 자음으로만 이루어진 비 음절적 구조의 전치사가 나타나게 되었다. 그러나 뒤에 따라오는 명사나 대명사가 첫 음절에 약화모음 ъ나 ь를 가진 경우 전치사의 약화모음은 완전모음이 되어 전치사 к, в, с의 이형태(алломорфа) ко, во, со가 나타났다.

이러한 현상은 약화모음과 관련이 없는 어휘들에도 영향을 주었다.

(4)

단수 주격	단수 생격
лёд	льда /l'da/
ров	рва
камень	камня
корень	корня
потолок	потолка
	복수 생격
земля	земель /z'im'el'/

лёд와 ров의 단수 주격형은 ледъ와 ровъ로서 생격형은 원래 леда와 рова였다. 그러나 이 유형의 단어들은 день : дня, сон : сна 유형의 영향을 받아 원래의 모음 /e/와 /o/가 마치 약화모음에서 유래된 것처럼 모음을 탈락시키고 유음 /l/ 또는 /r/과 자음이 결합한 자음무리를 만들었다.

земля : земель /z’im’el’/은 반대의 경우를 보여준다. 복수 생격형은 земль /z’eml̩/이 되어야 한다. 이 경우 /l̩/은 모음의 성질을 갖는 성절음적 유음이다. 그러나 러시아어에서는 이를 방지하기 위하여 자음 /m/과 /l/ 사이에 모음을 삽입하였다. 이 때 삽입하는 모음은 약화모음의 경우처럼 /e/ 나 /o/로 선택된다. 모음 /e/는 연자음 사이에, 모음 /o/는 경자음 사이에 들어가는 것이다. 이것은 발음하기 편하게 하기 위한 화음적 효과(благозвучие, euphony) 때문이다.

(5) уголь (← угль 석탄)
ветер (← ветръ 바람)
сестёр (← сестръ 누이)
огонь (← огнь 불)
сосен (← соснъ 소나무)

위의 예들은 약화모음과 상관없이 자음과 유음이나 비음 사이에 모음 /e/나 /o/가 삽입된 것이다. 이러한 현상은 열린 음절을 기본으로 하는 러시아어의 음운적 속성이 자음무리를 허용하지 않기 때문에 발생하였다. 현대 러시아어에서 이렇게 모음을 끼워 넣는 것을 모두 ‘출몰모음’ 현상이라고 부른다.

10.2 발음규칙의 제한

언어 체계에는 기본적으로 음운부와 형태부가 있다. 이 두 구성부는 상호 관련성을 가지고 언어 세계를 움직인다. 일반적으로 언어가 고대로 거슬러 올라갈수록 언어 체계에서 음운부가 차지하는 비중은 크다. 그러나 음운부는 외피와 같은 것이기 때문에 주어진 환경에 따라 자동적으로 변화가 일어나고 이러한 변화가 문법이라는 이름으로 음운부의 비중을 점차 축소시키고 형태부를 크게 만든다. 형태부는 이미 하나의 틀을 만든다는 것을 의미한다. 이런 측면에서 형태부가 커진다는 것은 음운부 내에서 일어나던 현상들이 형태화되어 고착되는 것이다. 언어의 역사는 음운부와 형태부 간의 경쟁 관계의 역사로서 언어 체계 내에 자율성이 얼마나 주어지는가의 문제라 할 수 있다. 문명의 발달은 언어에 더욱더 많은 개념을 집어 넣어 언어체계가 담당해야 할 의미적 기능을 확장한다. 이에 따라 언어가 허용할 수 있는 자율의 범위를 넘어설 때 그것은 하나의 고정된 틀이 되어 형태부의 확장을 가져온다.

(6)

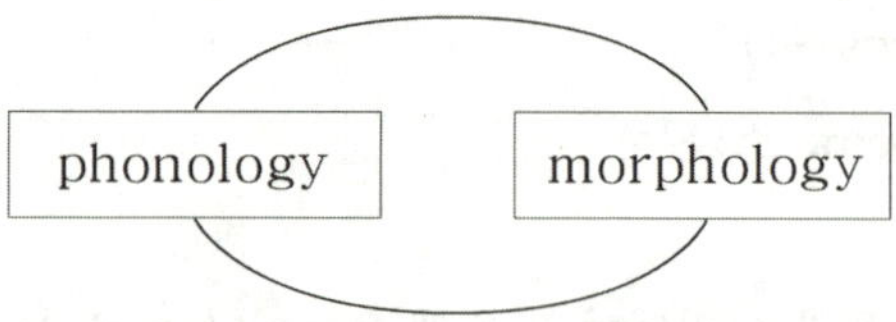

(Mohanan, 1986:8)

러시아어의 조상어인 공통 슬라브어(Общий Славянский язык, Common Slavic)에서 음운의 변화는 아주 다양하였다. 그만큼 음운부의 비중은 컸다. 그러나 문명이 발달하고 개념의 범주가 확장되면서 어휘가 담당해야 할 부담도 증대되었다. 공통 슬라브어가 지역에 따라 분화되면서 각 지역어마다 음운부와 형태부의 비중도 달라졌다. 예를 들어 서 슬라브어에 속하는 폴란드어는 아직도 음운부의 비중이 커서 문법에서 차지하는 음운 규칙의 역할이 중요하다. 반면에 러시아어는 어형변화틀(парадигма)의 일관성을 중시하는 방향으로 발전하여 형태부의 역할이 증대되었다.

그 결과 러시아어에서는 문법적 변별성을 유지하여야 될 경우 음운규칙은 유보되고 형태적 관계가 부각된다. 예를 들어, 명사나 형용사에서 어미의 변별성을 유지해야 하는 경우 발음규칙의 적용은 제한된다. 그래서 명사 няня의 경우 단수 주격은 [n'·á·n'·ə]로 발음되고, 전치격은 [n'·á·n'ĭ]로 발음된다. 형용사에서도 синий의 중성 단수 주격 синее는 [s'ín'ĭjĭ]가 아니라 [s'ín'ĭj·ə]로 발음된다. 이것은 중성 단수 주격형의 의미를 변별하기 위한 이유 때문이다. 따라서 러시아어 언어 체계에는 다음과 같은 원칙이 작용한다는 것을 "6.4. 조음 방법과 장소의 동화"에서 이미 언급하였다.

원칙 14 : 발음 규칙은 형태적인 이유로 적용이 제한될 수 있다

러시아어에서는 문법적 제약(грамматическая скованность, grammatical constraints)이 발음 규칙의 적용을 제한하는 경우가 있다. 이것은 주로 명사, 형용사 그리고 동사의 활용형 어미에서 나타난다.

10.2.1. 명사

명사의 활용형 어미 가운데 강세 아래에서 [á]나 [ó]로 발음되는 어미가 강세를 갖지 않는 경우에는 [ə]로 발음된다.

반면에 강세 아래에서 [é]로 발음되는 어미가 강세를 갖지 않을 때는 [ĭ](또는 [y̆])로 발음된다.

(7) 단 수

남성

	стол {stol + ø}	чай {čaj + ø}
주	[stól]	[č·á·j]
생	[stălá]	[č·á·j·ə]
여	[stălú]	[č·á·j·ŭ]
대	[stól]	[č·á·j]
조	[stălóm]	[č·á·j·əm]
전	[stă·l'·é]	[č·á·jĭ]

여성

	стенá {st'en+a}	лáмпа {lamp+a}	няня {n'an'+a}
주	[s't'ĭná]	[lámpə]	[n'·á·n'·ə]
생	[s't'ĭný]	[lámpў]	[n'·á·n'ĭ]
여	[s't'ĭn'·é]	[lámp'ĭ]	[n'·á·n'ĭ]
대	[s't'·énŭ]	[lámpŭ]	[n'·á·n'·ŭ]
조	[s't'ĭnó·j]	[lámpə·j]	[n'·á·n'·ə·j]
전	[s't'ĭn'·é]	[lámp'ĭ]	[n'·á·n'ĭ]

중성

	окнó {okn + o}	ружьё {ružj + o}	слóво {slov + o}	мóре {mor' + o}
주	[ăknó]	[rŭžj·ó]	[slóvə]	[mó·r'·ə]
생	[ăkná]	[rŭžj·á]	[slóvə]	[mó·r'·ə]
여	[ăknú]	[rŭžj·ú]	[slóvŭ]	[mó·r'·ŭ]
대	[ăknó]	[rŭžj·ó]	[slóvə]	[mó·r'·ə]

조	[ăknóm]	[rŭžj·óm]	[slóvəm]	[mó·r’·əm]
전	[ăkn’·é]	[rŭžj·é]	[sló·v’ĭ]	[mó·r’ĭ]

복 수

	ókна {okn + a}	рýжья {ružj + a}	моря́ {mor’ + a}
주	[óknə]	[rúžj·ə]	[mă·r’·á]
생	[ókən]	[rúžўj]	[mă·r’·é·j]
여	[óknəm]	[rúžj·əm]	[mă·r’·ám]
대	[óknə]	[rúžj·ə]	[mă·r’·á]
조	[óknə·m’ĭ]	[rúžj·ə·m’ĭ]	[mă·r’·á·m’ĭ]
전	[óknəx]	[rúžj·əx]	[mă·r’·á·x]

명사 어미의 발음에서 특별히 주의해야 할 경우는 어간이 연자음으로 끝나면서 강세도 갖고 있는 단어들이다. 예를 들어 남성 명사 чай의 생격형은 чáя이다. 발음 규칙에 의하면 чáя는 *[č·á·jĭ]로 발음되어야 한다. 그러나 실제로는 [č·á·j·ə]로 발음된다. 조격형 чáем은 *[č·á·jĭm]이 아니라 [č·á·j·əm]으로 발음된다. 여성 명사에서도 마찬가지 현상이 일어난다. 주격형 няня는 [n’·á·n’ĭ]가 아니라 [n’·á·n’·ə]로 발음된다.

중성 명사 море에서의 어미의 발음은 발음 규칙이 문법적 요인에 의해 제약받는 가장 전형적인 예이다. 전치격형 море는 [mó·r’ĭ]로 발음된다. 강세 없는 모음 /e/는 [ĭ]로 약화되기 때문이다. 그러나 동일한 모음을 가지고 있는 단수 주-대격형 море의 발음은 [mó·r’·ə]이다. 생격형도 моря [mó·r’·ə]이다. 더 구체적인 예는 다음의 문장을 비교해 보면 쉽게 알 수 있다.

(8) a) Он плáвал в мóре.

b) Он упáл в мóре.

(8a)에서 в мóре는 전치격이다. 따라서 [vmó·r'ĭ]라고 발음하여야 한다. 반면에 대격으로 쓰인 예 (8-b)의 в море는 [vmó·r'·ə]로 발음된다. 현대 러시아어에서 문법 어미의 경우, 경자음 뒤 강세 아래에서 [á]나 [ó]로 발음되는 어미가 연자음 뒤 강세 없는 위치에 올 때는 [ə]로 발음된다.

10.2.2. 형용사

남성 단수 주격은 강세 아래에서 [-ó·j]로 발음되고, 강세가 없을 때는 [-ўj] 또는 [-ĭj]로 발음된다.

(9) молодóй [məlădó·j] 젊은　такой [tăkó·j] 그러한
чужóй [č·ŭžó·j] 타인의　новый [nóvўj] 새로운
узкий [úsk'ĭj] 좁은　свежий [s'v'·éžўj] 신선한
синий [s'ín'ĭj] 푸른

그러나 모스크바 방언의 구어체에서는 강세가 없을 때 아직도 [ə·j]로 발음되는 것을 들을 수 있다.

(10) нóвый [nóvə·j]　ýзкий [úskə·j]
свéжий [s'v'·éžə·j]　сúний [s'ín'·ə·j]

러시아어 형용사의 고유한 어미는 강세와 관계없이 -ой(<ъjь)이다. 그리고 무강세 위치에서 -ой가 -ый로 교체된 것은 14~15세기에 일어났던 "제2차 남 슬라브어 영향"의 결과이다. 따라서 무강세 위치의 형용사 어미 -ый는 순수한 러시아어적 어미가 아니라 남 슬라브어로부터 차용된

어미이다. 그래서 19세기만 해도 푸시킨(Пушкин)을 비롯한 시인들은 시작법에서 нóвый~нóвой와 같이 형용사 어미를 두 가지 방법으로 활용하여 쓰고 있었다.

(11) Всё злей метéль и с кáждою минýтой
Серди́то рвёт послéдние листы́.
И за сéрдце хватáет хóлод лю́тый
Они́ стоя́т, молчáт ; молчи́ и ты!

[fs'·o z'l'·é·j m'ĭt'·é·l' ĭ s káždə·j·ŭ m'ĭnútə·j
s'ĭrd'ítə rv'·ót păs'l'·édn'ĭjĭ l'ĭstý
i ză s'·ércə xvătá·jĭt xólət l'·útə·j
ă·n'í stă·j·át, mă·l'č·át ; mălčí ĭ tý!]
(А. А. Фет, "Учусь у них - у дуба, у берёзы"의 일부)

이 시의 1행과 3행은 각운이 [-ə·j]로 맞추어져 있다. 따라서 3행의 마지막 어휘는 лютый이지만, 이 시에서는 [l'·útўj]가 아닌 [l'·útə·j]로 읽어야 한다. 오늘날에도 모스크바 방언에서 [nóvўj]와 [nóvə·j]는 임의변이로서 아무런 구분 없이 발음해도 문제가 되지 않는다.

남성 단수 주격을 제외한 다른 격에서 어미의 첫 음절에 강세가 있을 때는 [ó]나 [á]로 발음되고, 강세가 없을 때는 [ə]로 발음된다. 그러나 강세가 없을 때는 어미의 바로 앞 사음이 연사음이거나 [ž], [š] 또는 [č]이면, 그 어미는 [ə] 대신 [ў] 또는 [ĭ]로 발음된다. 즉, [žў], [šў], [čĭ]로 발음된다.

(12) a. 남성 단수 생격
강세 아래: молодóго [məlădóvə], тогó [tăvó]
무강세에서: нóвого [nóvəvə], э́того [étəvə]

си́него [s'ín'ĭvə], своего́ [svə·jĭvó]

b. 중성 단수 주격

강세 아래: молодое [məlădó·j·ə]

무강세에서: новое [nóvə·j·ə]

синее [s'ín'ĭj·ə]

свежие [s'v'·éžўj·ə]

c. 여성 단수 주격

강세 아래: молодая [məlădá·j·ə]

무강세에서: новая [nóvə·j·ə]

синяя [s'ín'ĭj·ə]

свежая [s'v'·éžўj·ə]

d. 여성 단수 생-여-조-전치격

강세 아래: молодой [məlădó·j]

무강세에서: новой [nóvə·j]

синей [s'ín'ĭj]

свежей [s'v'·éžўj]

형용사 중성과 여성의 단수 주격 어미에서 마지막 모음 철자 e는 [-ĭ]로 발음되어야 하는 것이 발음 규칙상 맞는다. 그러나 예상과 달리 [-ə]로 발음된다. 이것은 음성학적으로보다는 역사적인 발전 단계에서 갖게 된 형태론적인 관계에서 보아야 한다. 즉 형용사 어미의 [-ə]는 형용사적 어미라기보다는 대명사적 어미이다. 형용사 어미와 대명사 어미의 관계를 살펴보면 다음과 같다.

(13) 형용사 대명사

형용사			대명사	
си́нее	[-j·ə]	⇐	то	[-ó]
си́няя	[-j·ə]		та	[-á]
молодо́е	[-j·ə]		моё	[-j·ó]
молода́я	[-j·ə]		моя	[-j·á]

그렇다면 다음의 어구를 어떻게 읽는 것이 올바른 것인지 살펴보자.

(14) моё си́нее перо́ '나의 파란색 펜'

моё си́нее перо́는 [mă·j·ó s'ín'ĭj·ə p'ĭró]로 읽어야 한다. 그런데 형용사에서 문제는 비 기본격의 어미에서 제기된다.

(15) моя́ си́няя шля́па : 조격형 мое́й си́ней шля́пой

어구 моя́ си́няя шля́па '나의 파란색 모자'의 조격형에서 형용사 синей는 [s'ín'·ə·j]로 발음되는가? 아니면 [s'ín'ĭj]로 발음되는가?

일부 러시아어 음성학자들은 형용사에서 강세 없는 어미 e가 [ə]로 발음되는 반면, 명사에서 강세 없는 어미 e는 [ĭ]로 발음된다고 설명한다. 이것은 명사의 경우에서처럼 형용사에서 어미 e를 [ĭ]로 발음하는 것을 인정하지 않는 것이다. 그러나 형태론적으로 어간과 어미의 결합점에서 문법적 범주에 따라 발음 규칙을 달리해야 할 이유가 없다.

(16) 중성 주격 син-ее {s'in'-jeje} ⇒ [s'ín'-jĭj·ə]
여성 조격 син-ей-# {s'in'-jej#} ⇒ [s'ín'-jĭj#]

중성 단수 주격과 여성 단수 조격의 구분은 어미 {-jeje}와 {-jej#}이 마지막 모음에 의해 이루어진다. 따라서 형용사 어미에서 강세 없는 첫 음절의 {-je-}는 명사에서와 같이 발음 규칙에 따라 [jĭ]로 발음되는 것이 자연스럽다. 그러므로 주격형 어구 моё си́нее перо́는 [mă·j·ó s'ín'ĭj·ə p'ĭró]라고 발음하고 조격형 어구 мое́й си́ней шля́пой는 mă·j·é·j s'ín'ĭj šl'·ápə·j]로 발음하는 것이 규범적이다.

형용사 복수 주-대격 어미 -ие, -ые는 [-íjĭ], [-ýjĭ] 또는 [-ĭjĭ], [-y̆jĭ]로 발음된다. 이것은 연자음 뒤의 강세 없는 음절에서 /e/가 [ĭ]로 발음된다는 규칙이 그대로 적용된 결과이다. 따라서 이 경우 어미의 마지막 모음 e는 단수 비 기본격에서처럼 [-j·ə]로 발음되지 않는다.

(17) молодые [məladýjĭ]
новые [nóvy̆jĭ]
синие [s'ín'ĭjĭ]
свежие [s'v'·éžy̆jĭ]

10.2.3. 동사

10.2.3.1. 동사 활용 어미들의 발음

(18) нести́ 가져가다

인칭 \ 수	단 수	복 수
1	[n'ĭsú]	[n'ĭs'·óm]
2	[n'ĭs'·óš]	[n'ĭs'·ó·t'ĭ]
3	[n'ĭs'·ót]	[n'ĭsút]

писа́ть 쓰다

인칭 \ 수	단 수	복 수
1	[p’ĭšú]	[p’íšÿm]
2	[p’íšÿš]	[p’íšÿt’ĭ]
3	[p’íšÿt]	[p’íšŭt]

знать 알다

인칭 \ 수	단 수	복 수
1	[zná·j·ŭ]	[zná·jĭm]
2	[zná·jĭš]	[zná·jĭt’ĭ]
3	[zná·jĭt]	[zná·j·ŭt]

говори́ть 말하다

인칭 \ 수	단 수	복 수
1	[gəvă·r’·ú]	[gəvă·r’ím]
2	[gəvă·r’íš]	[gəvă·r’ít’ĭ]
3	[gəvă·r’ít]	[gəvă·r’·át]

ходить 걷다

인칭 \ 수	단 수	복 수
1	[xăžú]	[xó·d’ĭm]
2	[xó·d’ĭš]	[xó·d’ĭt’ĭ]
3	[xó·d’ĭt]	[xó·d’·ət]

동사 변화 어미에서는 2식 변화 복수 3인칭의 무강세 어미의 발음에

주의해야 한다. 동사 ходи́ть의 3인칭 복수형 хо́дят은 발음 규칙에 의한다면 [xó·d'it']으로 발음되어야 한다. 발음 규칙에서 강세 없는 모음 /'a/(я)는 [i]로 약화되기 때문이다. 그러나 이 형태의 발음은 [xó·d'·ət]으로 발음된다. 이것 역시 명사나 형용사와 마찬가지로 기저형 {xod'-at}에 대한 발음 규칙의 적용이 문법에 의해 제한되는 경우이다.

10.2.3.2. 재귀소사 -ся, -сь의 발음

a. 모음 뒤에서 재귀소사 -сь는 [s']로 발음된다. 과거 모스크바 방언에서는 경자음화되어 [s]로 발음되는 경우도 있었다.

(19) боюсь [bă·j·ú·s'] (모스크바: [bă·j·ús]) 나는 두려워한다
 бралáсь [brălá·s'] (모스크바: [brălás]) 그녀가 시작하였다

b. 부동사에서 재귀소사 -сь는 [s']로 발음된다. 과거 모스크바 방언에서는 마지막 음절에 강세가 오지 않으면 [s]로 발음되었다.

(20) собирáясь [sə·b'ĭrá·j·ə·s'] 모이면서
 боясь [bă·j·á·s'] 두려워서
 (모스크바: [sə·b'ĭrá·j·əs], 그러나 [bă·j·á·s'])

c. 3인칭 단수, 복수형과 미정형에서 재귀소사는 앞의 자음 т, ть와 결합하여 [ccə]로 발음된다.

(21) стремится, стремиться [str'ĭm'íccə] 노력하다
 боя́ться [bă·j·áccə] 두려워하다

d. 단수 2인칭, 복수 1인칭, 경자음으로 끝나는 명령법 단수형, 과거 시제 단수 남성형에서 강세 하에서는 [s’·á]로, 무강세 하에서는 [s’·ə]로 발음된다.

(22) несёшься [n’ĭs’·ŏšs’·ə] нестись(질주하다)의 단수 2인칭형
утешься [ŭ·t’·éšs’·ə] утечься(즐거움을 찾다)의 단수 2인칭형
несёмся [n’ĭs’·óms’·ə] нестись(질주하다)의 복수 1인칭형
родился [rə·d’ĭls’·á] 또는 [ră·d’íls’·ə] родиться(태어나다)의 남성 과거형
взялся [vz’ĭls’·á] 또는 [vz’·áls’·ə] взяться(착수하다)의 남성 과거형

그러나 [s] 뒤에서는 [sə]로 발음된다.

(23) грызся [grýssə] грызться(욕하다)의 남성 과거형

e. 명령법 복수 2인칭형에서 재귀소사 -сь는 거의 항상 [s’]로 발음된다. 모음으로 끝나는 명령법 단수형에서도 [s’]로 발음된다.

(24) берись [b’ĭr’ís’] браться(착수하다)의 명령법
собирайтесь [sə·b’ĭrá·jt’ĭs’] собираться(모이다)의 명령법

연자음이나 [j]가 -ся 앞에 오는 경우 소사 -ся는 [-s’·ə]로 발음된다.

(25) останься [ăstá·n’s’·ə] остаться(머무르다)의 명령법
бойся [bó·js’·ə] бояться(두려워하다)의 명령법

f. [č]로 끝나는 미정형에서 재귀소사 -ся는 [-sə]로 발음된다.

(26) беречься [b’ĭr’·é·čsə] 조심하다

g. 능동 형동사 현재형과 과거형에서도 재귀소사 -ся는 [-sə]로 발음된다.

(27) трудящийся [trŭd’·á·š’š’ĭjsə] 일하는
вравшийся [vráfšўjsə] 거짓말하던

10.3 파생 과정에서의 음운 변화

파생(производство, деривация, derivation)은 형태소와 형태소가 결합해서 새로운 어간이나 단어를 만들어내는 과정이다. 즉, 어근(корень)에 접두사(префикс)나 접미사(суффикс)가 붙어 새로운 어간(основа)이나 단어(слово)를 만들어내는 형태론적 과정이다. 이러한 파생 과정에서 형태소와 형태소가 결합할 때 그 이음새에서 음운적 충돌이 발생할 수 있다. 그때 이러한 충돌을 조정하여 발음하기 좋고 듣기 좋은 어휘로 만들어내는 과정이 꼭 있어야 한다. 이 과정에서 일어나는 현상이 음운 변화이다. 파생과정에서 형태부와 음운부의 관계를 그려보면 다음과 같다.

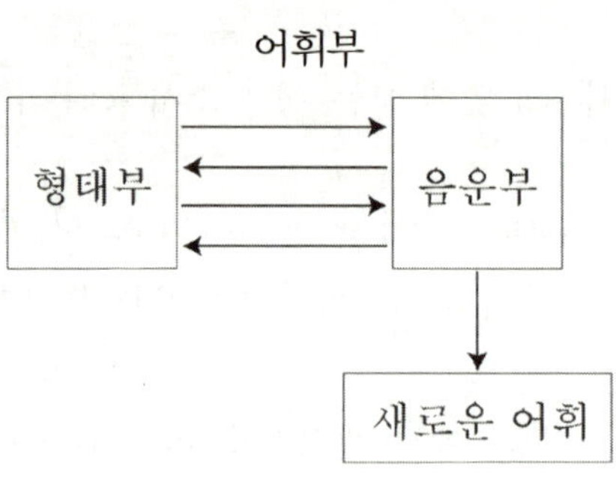

10.3.1. 지소어 파생

예를 들어, '강'이라는 명사에서 '시냇물'이라는 새로운 파생어를 만들어 내기 위해서는 '강'을 뜻하는 단어 река에 지소 접미사 {-#k}를 붙여 지소어를 만들어야 한다.

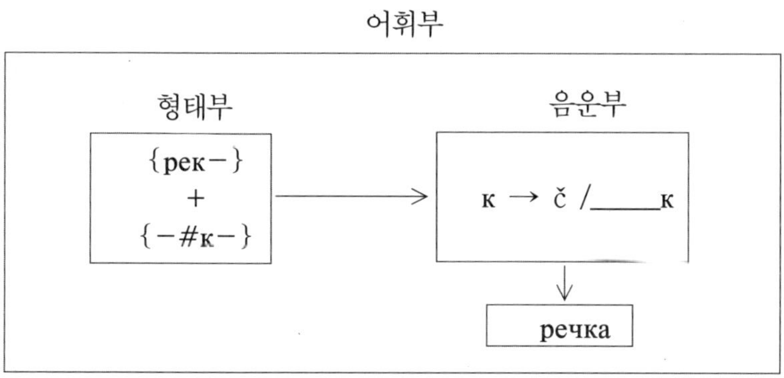

어간 {рек-}에 지소형 접미사 {-#k-}가 붙는 과정에서 어간의 마지막 자음 /к/는 음운 변화를 일으켜 /č/로 변화된다. 그 결과 {рек-} + {-#к-}는 {речк-а}라는 지소어를 파생시킨다. 이러한 과정은 연속될 수 있다. 예를 들어 '아주 작은 개울'과 같은 의미를 나타내고자 한다면 지소접미사 {-#к-}를 계속 덧붙이고, 그럴 때마다 음운부의 음운 규칙의 적용을 받으면 발음하기 좋은 형태가 생성된다.

(28) {рек-+-#к-} ⇒ речка
{рек-+-#к-+-#к-} ⇒ речечка

речка에서 지소접미사는 형태적으로 {-#к-}이다. {-#-}는 음운적으로 주인이 없는 '빈 자리'로서 환경에 따라 없어지거나 채워져야 하는 무형

형태소이다.

이와 유사한 예로 '발' нога - ножка - ножечка를 들 수 있다.

(29)

형태부	음운부	
{nog-} {-#k-}1 {-#k-}2	g → ž /_____k	⇒ ножка ⇒ ножечка

이러한 예들은 '책' книга - книжка - книжечка, '보트' лодка - лодочка 등 흔히 쓰이는 파생 관계의 어휘들에서 얼마든지 찾아볼 수 있다.

10.3.2. 동사 파생

또한 이러한 지소어 외에 파생 동사들에서도 동일한 음운 과정을 찾아볼 수 있다.

(30) {крик} крича-
{визг-} + {-е-} ⇒ визжа-
{дых-} дыша-

형태소 경계에서 연구개음 /k/, /g/, /x/와 전설모음 /e/는 직접 결합하기에는 서로 부담스러운 관계이다. 따라서 구강 뒷부분에서 소리나는 연구개음 /k/, /g/, /x/가 앞으로 이동하여 치경음 /ž/, /š/, 경구개음 /č/로 바뀐다. 반면에 전설모음 /e/는 역시 한 발자국 뒤로 이동하여 후설모음 /a/가 된다.

(31) 전설 중설 후설

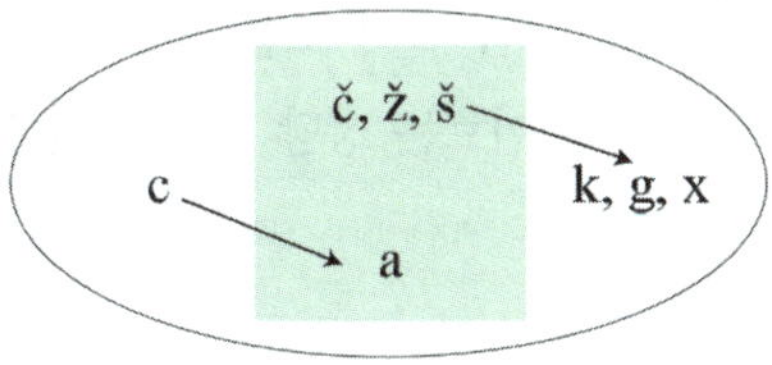

즉, 동사 파생이라는 형태적 과정에 다음과 같은 음운 규칙이 적용된다.

(32) 형태음운규칙

$$\begin{Bmatrix} k \\ g \\ x \end{Bmatrix} \rightarrow \begin{Bmatrix} č \\ ž \\ š \end{Bmatrix} \Big/ \;\_\_\_\; e$$

$$e \rightarrow a \;/\; č,\ ž,\ š \;\_\_\_$$

그 결과 кричать, визжать, дышать라는 결과를 얻어낼 수 있다. 이 동사들은 대부분 의성, 의태동사로서 어간에 모음 {-a-}를 가진다.

10.3.3. 명사 어형변화에서의 음운 변화

이러한 음운 작용은 어형변화틀(парадигма) 내에서도 일어난다.

(33)

단수 주격		복수 생격
/e/	⇒	/o/
жена		жён
сестра		сестёр

러시아어에서는 한때 모음 /e/ 위에 강세가 떨어지고 뒤에 경자음이 오거나 또는 어말에 위치하게 되면, 모음 /e/가 모음 /o/로 바뀌는 현상이 있었다. 이것은 14세기에서 16세기에 이르는 상당 기간 동안 자연스럽게 일어났다.

(34) 형태음운규칙

$$e > o \,/\, \underset{[+\text{stress}]}{\underline{\qquad}} \left. \begin{matrix} \# \\ C \end{matrix} \right\}$$

단어 жена와 сестра의 복수 생격형은 원래 женъ와 сестьръ였다. 그런데 고대 러시아어에서 모음의 지위를 지니고 있던 후설 약화모음(ъ)이 어말 위치에서 탈락하게 되었다. 그리고 сестьръ에서 전설 약화모음(ь)은 e가 되었다. 따라서 сестра의 복수 생격형은 сестер가 되었다. 이 두 단어는 어말 강세 유형으로 강세가 어미에 위치하였다. 그런데 어말의 후설 약화모음(ъ)이 탈락함으로써 둥지를 잃어버린 강세는 뒤로 1음절 후진하게 되어 자연히 жéн과 сестéр가 되었다. 새로이 강세를 갖게 된 모음 /é/는 위 규칙에 의해 /ó/가 되었다. 그 결과 복수 생격형은 жён /žón/과 сестёр /s'ĭst'ór/로 발음하게 되었다.

그러나 오늘날 e > o의 규칙은 더 이상 음운부에 속한 음운 규칙이 아니다. 이것은 형태부의 어형변화틀 내에서만 운용되는 형태음운규칙이 되었다.

10.3.4. 최상급 형태에서의 음운 변화

이와 같은 현상은 최상급 형태에서도 볼 수 있다. 최상급은 최상급 접미사 {-ejš-}를 형용사 어간에 붙여 만들어진다.

(35) красивый: {kras’iv-}+{-ejš-}+{-ij} красив-ейш-ий

быстрый: {bistr-}+{-ejš-}+{-ij} быстр-ейш-ий

그런데 великий, краткий의 최상급 형태는 величайший, кратчайший 이다. 이것은 형태부 내에 내재된 음운 규칙의 작용 때문이다. 즉 {v’el’ik-} + {-ejš-}, {kratk-}+{-ejš-}와 같은 결합에서 자음 /k/는 전설모음 /e/ 앞에서 구개음화를 일으켜 /č/가 된다. (31)에서처럼 /č/ 뒤에서 모음 /e/는 /a/로 바뀌게 된다. 음성적으로 k+e나 č+e는 고대 러시아어에서 기피되는 결합이었다.

자음 /k/는 연구개 자음으로 구강의 제일 뒷부분에서 조음된다. 반면에 모음 /e/는 전설모음으로 구강의 앞부분에서 조음된다. 따라서 /k/와 /e/는 조음적으로 비경제적인 결합이다. 이 결합이 유지되기 위해서는 자음 /k/와 /e/가 서로 결합 가능한 소리로 바뀌는 방법 밖에 없다. 앞의 동사 кричать에서처럼 자음 /k/는 앞쪽으로 이동하여 구강 중간 부분에서 조음점을 찾아 경구개음 /č/가 된다. 반면에 전설모음 /e/도 자음의 변신에 화답하여 뒤로 이동한다. 즉, 구강 중간 부분에서 소리나는 중설모음 /a/가 된다.

(36)

v’el’ik- + -ejš-
↓ |
č ↓ k → č
a e → a
———————
v’cl’ičajš-ij

이러한 구개음화 현상도 처음에는 순수한 음운 변화 현상이었다. 그러나 오늘날에는 음운부에서 형태부로 넘어가 형태론적 파생 과정에서 조음적 문제를 해결하기 위한 형태음운규칙으로만 운용되고 있다.

이와 같이 원래 음운현상이었던 것이 오늘날에는 형태부로 넘어가 걸으로 드러나지 않는 현상들이 많이 있다. 이것들은 형태론적 과정에서 좀 더 자세히 다루어질 문제들이다.

과제

1. 다음을 읽어보시오.

   1) стоя́щий - говоря́щий - несу́щий

   2) защи́та - защища́ть - защища́ющий

   3) ощуща́ть - ощуща́ющий

2. 다음에 주어진 어휘들을 가시고 출몰모음 현상을 설명해 보시오.

лёд	дере́вня	дно
семья́	пе́рья	ли́ния
любо́вь	зерно́	ту́фель
ве́тер	я́блоко	

3. 다음 어구들을 발음 기호로 쓰고, 바르게 읽어보시오.

   1) на́шей краси́вей де́вушкой

   2) её велича́йших достиже́ньев

   3) Он наро́чно э́то сде́лал.

   4) Вчера́ пья́ный бродя́га сжёг це́рковь.

   5) Сде́лайте э́то как мо́жно скоре́е.

4. 다음 어휘들의 지소형을 만들어 보시오.

дева	нога	лампа
снег	цвет	ложка
угол	Саша	дом
сумка	рука	палка

5. 다음 명사들에서 동사를 만들어 보시오.

крик	молк	*дерг-
стук	звук	*лег-
слух	лиск	*ворк-

6. 다음 형용사들의 최상급 형태를 만들고, 그 과정에 적용되는 형태음운 규칙을 제시하시오.

лёгкий	низкий	высокий
далёкий	молодой	

참고 문헌

강덕수(1990) 『노어음성학』, 진명출판사.

강덕수(1993) "음운론적 언어에서 형태론적 언어로", 『음성·음운·형태론 연구』 1집, 1-20, 한국음운론학회.

강덕수(1998) "최적성 이론에 의한 러시아 어 음절 구조 연구", 『음성·음운·형태론 연구』 4집, 1-31, 한국음운론학회.

강덕수, 이성민(1997) "러시아어에서 강세 예측은 가능한가?", 『슬라브학보』 12권 2호, 307-333. 한국슬라브학회.

강덕수, 김진원, 이은순, 표상용(1995) 『러시아 언어학 연구의 방법과 문제』, 한신문화사.

강옥미(2003) 『한국어 음운론』, 태학사.

강흥주, 강덕수(1992) 『러시아어사』, 민음사.

이성민(2008) "러시아어 차용어 음운론 연구", 『노어노문학』 20권 3호, 3-29, 한국노어노문학회.

Bethin, C.Y.(1998) *Slavic Prosody*, Cambridge.

Bolla, K.(1981) *A Conspectus of Russian Speech Sounds*, Akadémiai Kiadó.

Halle, M.(1971) *The Sound Pattern of Russian*, Mouton.

Hamilton, W.S.(1980) *Introduction to Russian Phonology and Word Structure*, Slavica.

Jones, D., Ward D.(1969) *The Phonetics of Russian*, Cambridge.

Kiparsky, V.(1963) *Russicshe Historische Grammatik*, Heidelberg; Carl Winter Univ.

Kochetov, A.(2003) Production, perception, and emergent phonotactic patterns:

A case of contrastive palatalization. *Routledge*, Dissertation of Doctor.

Mohanan, K.P.(1986) *The Theory of Lexical Phonology*. Dordrecht: Riedel.

Shevelov, G.Y.(1964) *A Prehistory of Slavic: the Historical Phonology of Common Slavic*, Heidelberg; Carl Winter Univ.

Vlasto, A.P.(1986) *A Linguistic History of Russia*, Oxford.

Zubritskaya, E.L.(1995) The categorical and variable phonology of Russian, University of Pennsylvania, Dissertation of Doctor.

Аванесов, Р.И.(1956) *Фонетика современного русского литературного Языка*, Издательство МГУ.

Аванесов, Р.И.(1958) *Ударение в современном русском литературном языке*. Учпедгиз.

Аванесов, Р.И.(1972) *Русское литературное произношение*, Просвещение.

Аванесов, Р.И.(1974) *Русская литературная и диалектная фонетика*, Просвещение.

Аванесов, Р.И., Ожегов С.И.(1959) *Русское литературное произношение и ударение*, Государственное издательство иностранных и национальных словарей.

Антонова, Д.Н.(1988) *Фонетика и интонация*, Русский язык.

Богданова, Н.В.(2001) *Произношение и транскрипция*, Издательство СПГУ.

Брызгунова, Е.А.(1977) *Звуки и интонация русской речи*. Русский язык.

Вербицкая Л.А.(2003) *Давайте говорить правильно*, Высшая школа.

Зубкова Л.Г., Иванов В.В., Новиков Л.А.. Петрянкина В.И., А.С. Феоктистова(1985) *Современный русский язык*. - Теоретический курс фонетика, Русский язык.

Караванова, Н.Б.(2006) *Корректировочный курс фонетики русского языка*, Русский язык.

Касаткин, Л.Л.(1999) *Современная русская диалектная и литературная фонетика как источник для истории русского языка*, Наука.

Кодзасов, С.В., О.Ф. Кривнова(2001) *Общая фонетика*, РГГУ.

Николаева Т.М.(1996) *Просодический строй русской речи.* Институт русского языка РАН.

Одинцова, И.В.(2006) *Звуки, Ритмика, Интонация.* Флинта.

Панов М.В.(1979) *Современный руссский язык* -Фонетика-, Высшая школа.

Пигорова Н.К.(1990) *Современный русский язык*: Фонетика, Издательство МГУ.

Черемисина-Ениколопова, Н.В.(1999) *Законы и правила русской интонации*, Флинта.

러시아어-한국어 문자 대응표

A. 모음

철자	한국어 표기	용례	
а	아	Аксаков	악사코프
я	야	Ясинский	야신스키
о	오	Хомяков	호먀코프
ё	요	Соловьёв	솔로비요프
у	우	Ушаков	우샤코프
ю	유	Юрий	유리
э	에	Эртель	에르텔
е	에 (자음 뒤)	Петров	페트로프
	예 (그 밖에)	Евгений	예브게니
		Киев	키예프
ы	이	Салтыков	살티코프
		Кыра	키라
		Белый	벨리
и	이	Иванов	이바노프

B. 자음

철자	한국어 표기	용례	
б	ㅂ	Болотов	볼로토프
п	ㅍ	Пётр	표트르
в	ㅂ	Веревкин	베레프킨
ф	ㅍ	Фёдор	표도르
д	ㄷ	Дмитрий	드미트리
т	ㅌ	Татьяна	타티야나
г	ㄱ	Гоголь	고골
к	ㅋ	Омск	옴스크
х	ㅎ	Хабаровск	하바로프스크
з	ㅈ	Зайцев	자이체프
с	ㅅ	Саша	사샤
ц	ㅊ	Цветаева	츠베타예바
л	ㄹㄹ (모음 사이)	Крылов	크릴로프
	ㄹ	Павел	파벨
р	ㄹ	Лермонтов	레르몬토프
м	ㅁ	Михайл	미하일
н	ㄴ	Надя	나댜
ж	ㅈ	Женя	제냐
	지 (자음 앞, 어말)	Жданов	지다노프
ш	ㅅ	Маша	마샤
	시 (자음 앞, 어말)	Шкулев	시쿨레프
ч	ㅊ	Гончаров	곤차로프
	치 (자음 앞, 어말)	Якубович	야쿠보비치
щ	시ㅊ	Щербаков	시체르바코프
	시치 (자음 앞, 어말)	борщ	보르시치(스프의 일종)

찾아보기

ㄱ

가운데 자리 모음 61
갈이소리 37
강도 18, 169
강세 19, 21, 25, 45, 46, 59, 69, 70, 71, 72, 73, 74, 75, 76, 81, 84, 96, 106, 136, 137, 138, 139, 142, 143, 148, 149, 150, 151, 152, 168, 169, 181, 183, 184, 185, 186, 187, 190, 191, 196
강세 음절 72, 73, 74, 79, 80, 136, 137, 141, 142, 150
격음 38, 54, 56
결합음 73, 74
경구개 56, 57, 59, 111, 132
경구개음 36, 56, 115, 194, 197
경음 38, 53, 54, 56
경자음 23, 26, 29, 30, 43, 46, 47, 48, 57, 59, 68, 70, 74, 77, 78, 80, 81, 88, 89, 98, 99, 101, 102, 103, 106, 110, 111, 113, 114, 130, 131, 132, 136, 137, 138, 139, 141, 142, 172, 179, 184, 190, 196
경자음 동화 98, 113, 114
고모음 40, 41, 42, 43, 44, 79
고정강세 149
고정강세형 72
공명도 82, 93, 121, 123
공명음 20, 36, 56, 89, 92, 93, 97, 121
공통 슬라브어 82, 83,180
과거 시제 191
과도음 39
구강 16, 17, 35, 37, 38, 39, 40, 194, 197
구개음화 42, 57, 58, 197
구개치경음 56, 58
국제음성협회 27
그리스어 11, 94
기능 27, 29, 58, 72, 82, 83, 148, 180
기본 조음 20, 59
기음성 55, 56
기저형 77, 78, 81, 84
기호 23, 25, 66, 67, 68
긴장 34, 42, 53, 55, 118
긴장성 55, 72
길이 18, 19, 69, 73, 140, 149, 150, 151, 169, 176

ㄴ

남 슬라브어 82, 93, 184
낮은 자리 모음 59, 60
높은 자리 모음 61

ㄷ
단모음 19, 23, 25, 74
단어 경계 96, 97
단일모음 43, 67, 68
대립 14, 27, 28, 29, 30
동사 29, 77, 81, 83, 123, 132, 154, 181, 188, 189, 190, 194, 195, 197
동 슬라브어 82, 83
동화 23, 88, 89, 91, 92, 94, 95, 96, 97, 98, 103, 104, 110, 114, 115, 117, 132, 170, 171
두입술소리 36, 99
떨음소리 38, 99, 106

ㄹ
리듬 148

ㅁ
마르티네 88
마찰 17, 34, 37, 100
마찰음 17, 20, 34, 37, 53, 54, 89, 93, 94, 97, 100, 110, 118, 121, 124, 131
막힘소리 36, 37
명령법 191
명사 29, 81, 96, 100, 101, 102, 104, 132, 181, 183, 187, 188, 190, 193, 195
모스크바 방언 184, 185, 190
모음 17, 19, 20, 24, 25, 38, 39, 40, 41, 42, 43, 44, 45, 46, 47, 48, 57, 58, 59, 60, 61, 66, 67, 68, 69, 70, 71, 72, 73, 74, 75, 77, 78, 79, 80, 81, 83, 93, 97, 106, 107, 114, 118, 121, 122, 128, 134, 135, 136, 137, 138, 139, 140, 141, 142, 143, 148, 149, 150, 151, 168, 169, 170, 171, 172, 176, 177, 179, 183, 186, 188, 190, 191, 195, 196, 197
모음 삼각도 41
모음 체계 40, 41
모음약화 69, 71, 73, 74, 168, 169, 170, 172
목젖 37, 38
무강세 70, 184, 185, 186, 189
무강세 음절 73, 80, 140, 141, 142, 150
무기음 54, 55, 56
무성 54, 103
무성음 17, 53, 91, 93, 94, 112
무성음화 102
무성자음 23, 52, 53, 54, 55, 56, 58, 88, 89, 91, 92, 93, 94, 96
묵음 117, 121, 123
문법적 제약 181
문어체 102
문자 개혁 11
문학어 120
미정형 83, 84, 190, 191

ㅂ
반모음 38, 39, 56
반자음 57
발성기관 14, 15, 16, 20, 21, 24, 34, 37, 39, 41, 53, 59, 73
발화 18, 148, 151, 154, 155, 157, 158, 159, 160
변별성 19, 69, 77, 78, 118, 124, 180
변별적 자질 28, 71
변화 22, 29, 66, 67, 68, 71, 74, 83, 110, 115, 136, 154, 169, 170,

177, 180, 192, 193, 195, 196
병합 67, 134
보두엥 드 쿠르트네 27
복합파 20
부동사 190
분별적 14
분절음 29, 90, 148
불가리아어 82, 83
붙갈이소리 37
블룸필드 28
비강 17, 35, 38
비 기능적 변이 30
비 원순모음 40, 42, 43, 47
비음 38, 82, 97, 179
비음절적 접두사 100
비지속성 95, 96

ㅅ

산디 136
상보적 분포 29, 30, 94, 131, 135
상승조 157, 159
상음 20
상호동화 88, 115
서 슬라브어 72, 82
선형소 96, 97, 102
설근 16
설단 16
설전음 38, 106, 107
설측음 38
성대 14, 16, 17, 18, 52, 53, 89
성노 95
성문 21
성문음 54
성절음 72, 81, 82
성조 151
세기 18, 69, 71, 149, 151
세르보-크로아티아어 69, 82
센입천장 16, 36, 39, 56, 57, 59, 111
센입천장 소리 35, 56
소음 19, 20
소음성 72
순음 34, 35, 101, 106, 107
순음성 121, 122
순치음 36, 100, 106, 121, 122
순행동화 88
스펙트로그램 22
신경 조직 10
심층구조형 142

ㅇ

약강세 음절 141
약화 25, 69, 71, 72, 73, 75, 76, 77, 78, 137, 140, 141, 142, 143, 170, 183, 190
약화모음 22, 70, 76, 176, 177, 178, 179, 196
양순음 36
어간 77, 112, 123, 142, 177, 183, 187, 192, 193, 195, 196
어근 99, 100, 103, 104, 112, 115, 123, 124, 132, 150, 177, 192
어말 무성음화 94
어미 61, 76, 78, 81, 123, 137, 140, 142, 143, 181, 183, 184, 185, 186, 187, 188, 189
이취부 192
억양 21, 151, 152, 153, 154, 155, 156, 157, 158, 161
억양 구조 152, 153, 154, 155, 156, 157, 159, 160, 161
여린입전상 16, 95
여린입천장 소리 35, 37, 99, 109

역행동화 88
연구개 94, 95, 96, 131, 197
연구개음 35, 37, 54, 99, 109, 110, 194
연음성 60
연자음 23, 24, 26, 29, 30, 42, 43, 44, 45, 46, 48, 56, 57, 58, 59, 60, 68, 69, 70, 74, 75, 76, 77, 78, 88, 89, 98, 99, 100, 101, 103, 105, 106, 107, 109, 110, 111, 112, 113, 114, 115, 116, 130, 131, 132, 136, 137, 138, 139, 140, 141, 142, 169, 170, 171, 179, 183, 184, 185, 188, 191
연자음 동화 98, 99, 102, 104, 105, 106, 107, 109, 113, 114
연자음 부호 58
연자음성 23, 24, 28, 59, 78, 111
연자음 표시 모음 철자 169
연자음화 99, 103, 104, 106, 110, 168, 170, 171, 172
열린 모음 48
열린 음절 117
열린 음절 구조 원칙 83
영어 19, 52, 54, 55, 56, 149, 168
원순모음 40, 44, 46
원순음 122
외래어 95, 131, 140, 168, 169, 170, 171
위치적 연자음화 105
윗니 36, 38
유기음 54, 55, 56
유성 54, 90
유성성 55, 56
유성음 17, 53, 91, 93, 94, 112
유성자음 52, 53, 55, 56, 58, 88, 89, 91, 92, 93, 94, 96, 131, 132
유음 38, 81, 82, 83, 97, 178, 179
유추 83, 84, 143
음색 19
음성 21, 28, 95
음성학 14, 15, 21, 27, 73
음성 합성 21
음소 27, 28, 57, 69, 73, 75, 78, 83, 89, 95, 111, 128, 130, 131, 132, 133, 134, 135, 136, 137, 138, 143, 151
음소 목록 27
음소적 표기법 69
음소 체계 27, 54, 131, 133, 134, 151
음운 구조 168
음운규칙 90, 116, 140, 168, 180, 193, 195, 197
음운론 27, 29, 170
음운부 179, 180, 192, 193, 194, 197
음운 체계 27, 89
음위 치환 83
음절 71, 72, 73, 74, 75, 76, 83, 106, 142, 148, 149, 150, 169, 176, 177, 178, 185, 188, 190
음절 구조 81, 82
음절 모음 72
음파 21
음향음성학 15, 17, 20, 21
이-입술소리 36, 94, 106
이완 52, 53, 56
이음 22, 28, 29, 45, 58, 73, 74, 81, 83, 111, 113, 115, 128, 130, 131, 132, 133, 134, 135, 136, 137, 151
이중모음 25, 43, 68
이형태 178
인도유럽어 36, 52, 54

임의변이 79, 100, 101, 105, 107, 185
입술 14, 16, 35, 36, 39, 40, 42, 47
입술소리 34, 35, 94
입천장 16, 24, 36, 40, 43, 45, 68, 70, 89
잇몸 35, 36, 38, 39, 111
잇몸소리 34, 35, 36
잇소리 34, 35, 36, 99, 103

ㅈ

자유강세 71, 149
자유강세형 72
자음 17, 20, 23, 24, 25, 26, 29, 34,35, 36, 37, 38, 39, 42, 43, 44, 48, 52, 53, 54, 55, 56, 57, 58, 59, 60, 61, 68, 69, 70, 72, 73, 74 75, 76, 77, 78, 79, 80, 81, 82, 83, 88, 89, 90, 91, 93, 94, 95, 96, 98, 101, 103, 105, 111, 114, 115, 116, 117, 118, 121, 122, 123, 124, 128, 130, 132, 133, 140, 142, 148, 150, 168, 170, 171, 176, 178, 179 185, 190, 193, 197
자음동화 88, 89, 93, 98, 99, 117, 176
자질 21, 23, 28, 35, 55, 88, 90, 91, 94, 95, 96, 114, 118, 122, 134
장애음 133
재귀소사 123, 190, 191, 192
저모음 40, 341, 47, 72, 79, 122
적응 59, 60, 73, 74
전설모음 25, 39, 40, 42, 45, 57, 58, 68, 76, 77, 130, 134, 138, 168, 171, 172
전이음 36, 39, 58, 59, 60, 68, 97, 99, 100, 133
전치사 30, 96, 99, 100, 101, 102, 103, 104, 124, 177, 178
접두사 99, 100, 101, 104, 112, 115, 124, 132, 192
접미사 103, 112, 123, 132, 192, 193, 196
조음 19, 20
조음자 16, 17, 34, 37, 39, 40, 43
조음점 16, 17, 34, 36, 37, 59, 60, 68, 73, 115
조음음성학 15, 16, 20
중모음 40, 41, 45, 46, 134
중설모음 340, 47, 197
지소어 193, 194
지속성 95, 96, 118, 124
진동 18, 19, 20, 37, 38, 52

ㅊ

차용어 11, 95, 168, 169, 170, 171, 172, 172
청각음성학 15, 21
체코어 72, 82, 149
최상급 196, 197
최소 대립쌍 29, 128, 129, 131, 151
출몰모음 176, 179
충음화 83
치경구개음 36, 58, 133, 170
치경음 34, 35, 36, 38, 54, 58, 79, 123, 133, 194
치음 34, 35, 36, 79, 90, 99, 100, 101, 103, 104, 106, 107, 112, 115, 117, 118, 121, 123, 170
치음성 122

ㅋ

콧소리 38, 123

ㅍ

파생 120, 192, 193, 194, 195, 197
파생어 136
파열 17, 37
파열음 17, 37, 54, 101, 103
파찰음 17, 34, 37, 53, 54, 58, 110, 133
평음 38, 53, 54, 56
폐쇄 17, 37
폐쇄음 17, 20, 34, 37, 53, 55, 58, 95, 96, 97, 118, 121, 133
폴란드어 69, 72, 82, 83, 149, 180

ㅎ

한국어 36, 37, 38, 39, 40, 4`1, 42, 43, 47, 52 53, 54, 55, 56, 57, 58, 67, 68, 69, 128, 171
향음 133
혀 14, 15, 16, 24, 25, 34, 37, 38, 39, 40, 41, 42, 43, 44, 45, 46, 47, 48, 49, 59, 68, 69, 70, 73, 111, 115, 118
혀옆소리 38
혓끝 16
혓등 16, 36, 46, 47, 56, 57, 59, 89, 111
혀뿌리 16, 37
형태부 179, 180, 192, 193, 194, 196, 197
형태소 20, 58, 71, 99, 102, 103, 111, 112,115, 116, 123, 132, 192, 194
형태음운규칙 195, 196, 197
후설모음 39, 40, 43, 44, 46, 47, 121, 131, 134, 136, 137, 138, 194
흐름소리 38

러시아어 발음과 구조

초판 인쇄 2009년 8월 20일
초판 발행 2009년 8월 30일

지은이 강 덕 수 · 이 성 민
발행인 박 철
발행처 한국외국어대학교출판부
130-791 서울특별시 동대문구 이문동 270
전화 02)2173-2495~6
팩스 02)2173-3363
홈페이지 http://press.hufs.ac.kr
전자우편 press@hufs.ac.kr
출판등록 제6-6호(1969. 4. 30)

편집·디자인 지댄피(070-8234-0025)

ISBN 978-89-7464-562-5 13790 값 12,000원

〈한국외국어대학교 언어연구소 학술총서〉